Ullstein Großdruck

Buch auf Reisen !!!
Dieses Buch wurde weder
vergessen noch verloren.
Es wurde freigelassen
damit es gefunden wird
www.bookcrossing.com
kostenlos und anonym

BCID: 410-9991222

Buch auf Tipfehler (!!!)
Dieses Buch ist urheberrechtlich geschützt,
es wurde nicht in Druck gegeben,
damit es kostenlos zu lesen
ist. Kostenlos zu lesen
ist es auch nicht,
aber es ist auch nicht
www.DropCrossing.com
kostenlos und anonym

Giovanni Guareschi

Mißgeschick mit Minirock und andere häusliche Pannen

Erzählungen

Ullstein Großdruck

Ullstein Großdruck
Lektorat: Hild Wollenhaupt
ein Ullstein Buch
Nr. 40041
im Verlag Ullstein GmbH,
Frankfurt/M–Berlin
Aus dem Italienischen
von Madeleine Pásztory

Umschlagentwurf:
Hansbernd Lindemann
Illustration: Art & Co.
Alle Rechte vorbehalten
Abdruck mit freundlicher
Genehmigung der Erben
des Autors
© der Übersetzung:
Otto Müller Verlag,
Salzburg, 1969
Printed in Germany 1988
Gesamtherstellung:
Clausen & Bosse, Leck
ISBN 3 548 40041 8

August 1988

Vom selben Autor bei
Ullstein:

Enthüllungen eines Familienvaters
UB 42
Genosse Don Camillo
UB 2612
Don Camillo und die Rothaarige
UB 2890
...und da sagte Don Camillo...
UB 20482
...aber Don Camillo gibt nicht auf...
UB 20555
Avanti, Don Camillo! Avanti!
Genosse Don Camillo/
Don Camillo und die Rothaarige/
...und da sagte Don Camillo...
Sonderausgabe
UB 20665
...und Don Camillo mittendrin...
UB 20736
Das Schicksal heißt Clothilde
UB 20757
Der verliebte Mähdrescher
UB 20858
Bleib in deinem D-Zug!
UB 20942
Nur Verrückte gehen zu Fuß
UB 40031

CIP-Titelaufnahme
der Deutschen Bibliothek

Guareschi, Giovannino:
Mißgeschick mit Minirock und andere
häusliche Pannen:
Erzählungen / Giovannino Guareschi.
[Aus d. Ital. von Madeleine Pásztory]. –
Frankfurt/M; Berlin: Ullstein, 1988
  (Ullstein-Buch; Nr. 40041:
  Ullstein-Großdruck)
  ISBN 3-548-40041-8

NE: GT

Inhalt

Margheritas Lügen 7
Familienausfahrt 15
Der April hat einunddreißig Tage 24
Gramigna 34
Vera Dry 42
Mißgeschick mit Minirock 51
Die Geheimnisse der Bürokratie 59
Wie die Butterfly 67
Eine Liebesheirat 77
Damen und Kavaliere 85
Giòs Nase 94
Sexualerziehung 103
Krieg dem Kinderglauben 111
Sklaven der Geschirrspülmaschine 119
Kinder leben wie Hühner 127
Ein Weib, dessen Name »Mysterium« ist 136

Margheritas Lügen

Gehört das Telephon zum Fortschritt oder zum Rückschritt? Ist es ein Instrument zum Nutzen oder zum Schaden der Menschheit?

Das hängt davon ab: Zum Fortschritt gehört es, wenn wir telephonieren; zum Rückschritt, wenn uns die anderen anrufen. Für mich persönlich ist das Telephon ein wahrer Feind im Haus: Muß ich doch, obgleich ich weiß, daß neunundneunzig von hundert Anrufen unnütz sind, jedesmal zum Apparat gehen, wenn er klingelt, weil es sich um den einzig wichtigen Anruf von den hundert handeln könnte.

Und jetzt wollen wir über die Frauen sprechen.

Ich will nicht behaupten, daß Frauen Lügnerinnen sind, ich sage bloß, daß Frauen, wenn sie wollen, besser lügen können als Männer. Damit will ich die Frauen durchaus nicht beleidigen, denn das Lügen ist nur eine besondere Art, die Wahrheit zu sagen.

Da also Margherita eine Frau ist, hatte ich keine Bedenken, als ich in mein Haus das Telephon einleiten ließ.

»Margherita«, erklärte ich ihr, »wenn jemand anruft, so melde stets du dich. Sage, ich sei soeben ausgegangen. Frage nach dem Namen. Wenn es von Wichtigkeit ist, rufe ich dann später an.«

Es war ein schreiender Mißerfolg, denn Margherita verhaspelte sich, stotterte herum und schloß unweigerlich: »Ach, gerade ist er heimgekommen. Ich übergebe.«

Margherita fand es beschämend, am Telephon lügen zu müssen; daher versuchte ich ihr zu helfen: »Wenn das Telephon läutet, gehe ich hinaus auf den Treppenabsatz, so daß du nicht lügst, wenn du sagst, ich sei nicht zu Hause.« Aber auch so klappte die Geschichte nicht. Da vereinfachte ich das Ganze: »Antworte: Ich bin das Hausmädchen. Herr Guareschi ist nach Turin gefahren. Kann ich etwas ausrichten?«

Eine Weile ging es gut, dann wurde es Margherita müde, mich immer nach Turin zu schicken; sie versuchte, mir das Leben leichter zu machen, und schickte mich in kleinere, näher liegende Ortschaften. So erklärte sie eines Tages, ich sei in Paullo, worauf die Antwort lautete: »Ausgezeichnet! Ich telephoniere gerade aus Paullo. Da der Ort klein ist, werde ich ihn sicherlich finden. Wie ist er gekleidet?«

»Er ist noch im Pyjama«, sagte Margherita unschuldig. Dann legte sie den Hörer heftig auf und teilte mir mit, daß sie nicht mehr derart widerliche Komödien zu spielen gedenke. Daraufhin meldete ich mich mit verstellter Frauenstimme am Apparat. Die Sache ergötzte Margherita und die Kinder überaus, mich jedoch weniger.

Ich kann hier jetzt nicht die ganze detaillierte Geschichte eines vom Telephon gejagten unseligen Menschen wiedergeben. Ich sage nur so viel, daß ich die Angelegenheit für gelöst hielt, als Giò, die junge und flinke Stütze der Familie, in mein Haus eintrat: »Giò, wer auch immer anrufen mag, sagen Sie ihm, ich sei nicht zu Hause. Schreiben Sie den Namen auf.« Giò widersprach nicht: Sie befolgte den Auftrag unbeugsam, und ich hatte die Genugtuung, Mitteilungen folgender Art zu erhalten: »Ein gewisser Lazzetti oder Franchini oder Perrotta hat angerufen, irgend so ein Name jedenfalls. Er sagt, er könne nicht mehr warten.«

»Worauf warten?«

»Wie soll ich das wissen? Ihre Geschäfte müssen schon Sie selber kennen.«

So beschloß ich eines Tages: »Ich fahre nach Mailand.«

Mailand ist die ungewöhnlichste Stadt der Welt, da man dort für alle Probleme die Lösung finden kann. Das sollte man gar nicht glauben, weil Mailand trotz seiner Wolkenkratzer den Eindruck einer großen Provinzstadt macht; dennoch findet man dort alles: vom Pillenschläger bis zum elektronischen Kirschenschälapparat, sechsfingrige Handschuhe, Geigerzähler.

Ich fuhr also nach Mailand, fand die Lösung meines Problems und brachte sie in einer Pappschachtel nach Hause.

Als ich die Schachtel geöffnet hatte, freute sich Margherita: »Wie ich sehe, warst du vernünftig genug, dir keine Sekretärin mit heimzunehmen.«

»Das hier ist etwas viel Besseres«, erläuterte ich. »Man stellt das Telephon auf diesen Sockel, hebt den Hörer ab und legt ihn auf diese Gabel. Dann verbindet man den Sockel mit diesen beiden kleinen Dosen und gibt den Stecker in eine Steckdose. Wenn es klingelt, antwortet eine Stimme auf Tonband, daß der Hausherr nicht zugegen ist und um Hinterlassung einer Nachricht ersucht, die wiederum automatisch aufgenommen wird. Der Jemand spricht, das elektronische Gedächtnis zeichnet auf. Hängt der Betreffende den Hörer nach beendetem Gespräch wieder auf, so kommt das Gerät zum Stillstand und ist für den nächsten Anruf bereit. Hat man gerade Zeit, so kann man nach Betätigung dieses Schalters alle inzwischen aufgenommenen Anrufe abhören. Ist man zu Hause, braucht man sich um das Telephonklingeln überhaupt nicht zu kümmern: Der Apparat denkt an alles. Aber er kann noch mehr. Angenommen, wir fahren auf eine Woche nach Bologna.«

»Ach, Bologna!« rief Margherita. »Eine Woche in der unruhigsten Stadt der Welt, wo ein Verkehrschaos herrscht, das an die Oktoberrevolution erinnert? Entweder nach Assisi oder nirgends.«

»Also gut, Assisi«, sagte ich. »Wenn wir eine Woche in Assisi verbringen und niemand zu Hause ist, dann nimmt der Apparat inzwischen alle Anrufe auf. Um sie aber zu hören, braucht man nicht bis zur Rückkehr zu warten, denn hier springt das ›top secret‹ ein.«

»Das klingt ja nach einem Spionageabenteuer!« rief Giò bezaubert.

»Man wählt seine Telephonnummer und bläst, sobald die Verbindung hergestellt ist, in diese Art Trompetchen, eine Stimmgabel. Der Ton löst – ich weiß nicht, welche – Zellen aus, worauf der Apparat alle Aufzeichnungen wiedergibt. Natürlich hat jeder Apparat eine anders gestimmte Stimmgabel. Wenn man den Hörer ablegt, arbeitet der Apparat wiederum als Aufnahmesekretärin.«

»Recht kompliziert«, bemerkte Margherita.

»Wesentlich weniger kompliziert als die unkomplizierteste Sekretärin aus Fleisch und Blut.«

»Meiner Meinung nach«, sagte Giò anerkennend, »ist dies das nützlichste und einfallsreichste elektrische Haushaltsgerät. Es erspart einem die lästigen Antworten am Telephon, das Notizenmachen und die Ausreden, daß Sie verreist sind. Ich hätte nie gedacht, daß es der Wissenschaft gelingen werde, den ›elektronischen Lügner‹ zu erfinden!«

Giò war begeistert und damit einverstanden, mit ihrer klaren, festen Stimme folgenden Satz auf Tonband zu sprechen: »Hallo. Hier bei Guareschi. Wer spricht bitte?... Herr Guareschi ist nicht zu Hause. Sagen Sie, was Sie wünschen, es wird alles automatisch registriert. Sprechen Sie bitte...«

Dann lief sie in die Tabaktrafik, um von dort aus anzurufen und ihre Stimme zu hören.

Wir fuhren alle für ein paar Tage nach C., da das Phänomen etwas nebelfreie Luft brauchte. Als wir zum Stützpunkt zurückgekehrt waren, setzte ich die elektronische Sekretärin in Gang. Alles klappte wunderbar: Nach fünf ebenso normalen wie banalen Anrufen Fremder ertönte plötzlich unerwartet eine sympathische Männerstimme: »Ich merke, daß ich falsch gewählt habe; aber da alles automatisch aufgenommen wird, benütze ich die Gelegenheit, Ihnen *Viva la pappa col pomodoro* vorzusingen.« Der junge Mann sang nicht übel, und es war nicht unangenehm, ihn anzuhören.

Daraufhin las mir ein weit weniger sympathischer Kerl, der gleichfalls die automatische Tonbandaufnahme ausnützte, das erste Kapitel eines Romans vor, den er meiner Begutachtung zu unterbreiten gedachte. Sehr langweilig. Geistvoller war da schon ein unbekanntes junges Ding: »Herr Guareschi, da alles automatisch registriert wird, benütze ich die Gelegenheit, um Ihnen zu sagen, daß Sie ein Trottel und als solcher völlig ungeeignet sind, die moderne Musik zu verstehen und über sie in den Zeitungen zu schreiben. Kümmern Sie sich um andere Dinge.«

Giò brach in Gelächter aus, lachte aber nicht lange, da die folgende Wiedergabe eine energische Stimme zu Gehör brachte: »Hör damit auf, Giò! Es kümmert mich einen Schmarrn, ob dieser Affe von deinem Dienstgeber in die Registratur gegangen ist oder nicht. Nur du interessierst mich, und ich sage dir, es hilft dir nichts, daß du dich im Haus versteckst. Ich beobachte dich. Und wenn du beim Dancing am Sonntag noch einmal den Mut hast, mich mittendrin stehenzulassen, dann werde ich dir zeigen, wer Gigino ist. Ach, du sagst gar nichts? Um so besser: Es ist mir wichtig, daß du zuhörst. Wehe, wenn du auflegst, das würde ich dir nie verzeihen. Merk dir, daß ich es nicht gewohnt bin, von den Mädchen links liegengelassen zu werden. Mittwoch abend erwarte ich dich bei der Straßenkreuzung. Du gefällst mir: Steig vom Birnbaum herunter[1], oder ich werde dich herunterschleifen! Servus, Puppe...«

»Herzig«, sagte Margherita. »Hast du gehört? Er nennt dich ›Puppe‹ und fordert dich auf, vom Birnbaum herunterzusteigen. Er muß ein gefühlvoller Obstzüchter sein.«

Am Mittwoch ging Giò nach dem Abendessen aus, kehrte aber bald darauf sehr aufgeregt zurück.

»Bist du vom Birnbaum herabgestiegen?« fragte Margherita.

---

1 Bedeutet im Italienischen etwa: Sei nicht so arrogant!

»Nein: Ich habe ihn mit Ohrfeigen hinaufgejagt! Jedenfalls ist das doch nicht der richtige Apparat. Wenn ein Trottel anruft, sollte die Verbindung automatisch abbrechen.«

»Du forderst zuviel, Puppe«, erwiderte Margherita unendlich sanft, während sie von Giò durch einen Atomblick zerstückelt wurde.

Familienausfahrt

In Parma hatte ich in einem Zimmer im letzten Stock eines ärmlichen Hauses im Borgo del Gesso gewohnt. Vielmehr eigentlich: im Zimmer des letzten Stocks, denn das Haus bestand aus einem Raum im Erdgeschoß, einem Zimmer im ersten Stock, einem im zweiten und dem meinen im dritten. Eine ganz schmale Stiege ermöglichte mühsam den Aufstieg in die oberen Zimmer, während man in den ebenerdig gelegenen Raum bequem von der Straße aus eintrat, da er ein Laden war, in dem Pferdefleisch verkauft wurde.

Mein Zimmer war eine Dachkammer mit dünnen Querbalken, die durch einen riesigen gewundenen Balken gestützt wurden. Auf ihn hatte ich mit Blockbuchstaben geschrieben: »Nie die Ruhe verlieren!«

So stieß ich zwar unfehlbar jedesmal beim Betreten oder Verlassen meines Zimmers mit dem Schädel an den Balken an; aber ich las die weise Ermahnung und ärgerte mich nicht, sondern legte ein nasses Papierstück auf die Beule und lächelte.

Es war freilich kein süßes Lächeln wie das der Gioconda, aber immerhin, zumindest der Absicht nach, ein Lächeln.

Wie viele wichtige Dinge habe ich in dieser Dachkammer gelernt! Einige davon habe ich verhängnisvollerweise vergessen, nicht aber die Selbstbeherrschung!

In meinem Haus gibt es riesige Eichenbalken mit überaus scharfen Kanten, und auf ihnen steht nicht geschrieben: »Nie die Ruhe verlieren!« Und dennoch hat mich noch nie jemand fluchen gehört, weil ich mir den Schädel angehauen habe. Vielleicht hängt das damit zusammen, daß die Balken in dreieinhalb Meter Höhe angebracht sind, zum Unterschied von dem Balken im Borgo del Gesso, der einen Meter siebzig hoch hing: Aber hier geht es nicht um Zentimeter, sondern um Grundsätze.

Ich kann mich also beherrschen: Das wollte ich sagen.

Das schlimmste ist, daß in Margherita zwei Frauen wohnen: Eine so verschieden von der anderen, daß ich mir manchmal wie ein Bigamist vorkomme.

Das ist die größte Gefahr in der Ehe: Ein Mann ist besten Glaubens, eine Frau geheiratet zu haben, und hat dabei deren zwei im Haus. Oder auch drei, oder auch gar keine.

So stehen die Dinge, und während meine Selbstbeherrschung vollkommen ist, wenn ich es mit der

Margherita Nummer eins zu tun habe, ändert sich die Sachlage grundlegend, wenn es sich um die Margherita Nummer zwei handelt.

Margherita Nummer eins ist eine sehr ruhige Dame, die geduldig meine Rückkehr aus dem Konzentrationslager oder aus dem Kerker erwartet oder die mich geradezu den Krallen der Staatspolizei entreißt und über derlei banale Episoden nie mehr ein Wort verliert. Margherita Nummer zwei ist eine Pantherkatze, die plötzlich losbricht und, am 16. Mai 1967, siebzehn Uhr dreißig, brüllend zu erfahren verlangt, mit wem ich den Abend des 5. Juli 1935 verbracht habe; da aber indessen zweiunddreißig Jahre vergangen sind und ich mich nicht mehr erinnern kann, schwört sie mir drohend, es noch in Erfahrung zu bringen; dann würden Dinge passieren, die die Haare zu Berge stehen lassen.

Margherita Nummer eins ist eine völlig anspruchslose Dame, die sich etwas geniert, wenn sie in der Bank einen Scheck einlösen muß. Margherita Nummer zwei ist eine autoritäre Frau, eine von denen, die alles wissen und voraussehen; die in anklagendem Ton mit einem sprechen und erklären, daß man alles falsch gemacht habe, sich wie ein kleiner Bub von allen betrügen lasse und trotz der vom Glück unverschämterweise gebotenen Gelegenheiten nie etwas Wirkliches verrichte.

Ist nun die erste oder die zweite Margherita die echte?

Margherita ist keine so hochgebildete Frau wie etwa Claudia Cardinale, die die Ansicht vertritt, eine Ehefrau müsse mindestens 12 (zwölf) verschiedene Frauen verkörpern (eine von den zwölfen war wohl jene, die im Minirock zur Papstaudienz ging: ein Umstand, der uns mit spärlicher Hoffnung an die übrigen elf denken läßt). Margherita ist eine einfache Frau, und ihre Persönlichkeitswandlung hat nichts mit komplizierten Gedankengängen zu tun. Margherita fällt in ihre zweite Persönlichkeit wie irgendeiner, der auf einer Bananenschale ausgleitet und in eine Pfütze fällt.

Zum Glück habe ich, wie gesagt, eine vollkommene Selbstbeherrschung.

Sie waren in der Überzahl und beschlossen, daß ich sie im Kleinbus zum Haus unserer Freunde nach Pontenovo bringen müsse. Margherita saß neben mir, dahinter nahmen die ehemalige Pasionaria, Michelone und Giò Platz, dazu kam noch ein Koffer mit Windeln für Michelone.

Die der Sonne ausgesetzten Straßen waren menschenleer: Der Wohlstand hatte seine Kinder schon alle zu den großen Ferien ans Meer losgelassen. Es war traumhaft, so fahren zu können.

»Beim Chauffieren wird nicht geraucht!« sagte Margherita fest und unumstößlich.

»Aber ich rauche doch gar nicht«, entgegnete ich milde.

»Das sehe ich: Aber du hast daran gedacht, dir eine Zigarette anzuzünden. Wenn du an irgendeine Dummheit denkst, kann man es deinen Augen ablesen.«

»Wie du in meinen Augen lesen kannst, verstehe ich nicht«, sagte ich, »da du nur mein rechtes Auge siehst, und das nur von der Seite.«

»Auch in der Dunkelheit lese ich in deinen Augen!« Dann verzog sie den Mund: »Erinnerst du dich, wie ich dir einmal im Auto die Zigarette anzündete und dir das glühende Ende in den Mund steckte?«

Das war eine alte, aber der Wahrheit vollkommen entsprechende Geschichte; die Galerie lachte amüsiert.

»Achtung!« rief Margherita. »Von dieser Straße rechts kann ein Traktor herauskommen!«

»Nichts kann von dieser Straße herauskommen, da es keine Straße, sondern ein Kiesablageplatz ist!« brüllte ich.

Von der unsichtbaren Brücke einer links liegenden Tenne steckte ein Traktor seine Schnauze hervor, aber ich konnte ihm gerade noch ausweichen.

»Anstatt die Zeit mit dem Verteilen von Strafzetteln für falsches Parken zu vergeuden«, sagte Margherita, »sollte die Polizei lieber kindisch gewordenen Alten, die nichts mehr sehen und wie die Verrückten fahren, den Führerschein abnehmen!«

Ich kann mich ja beherrschen und antwortete daher nicht. Aber kurz bevor wir nach Solana kamen, wurde im Kleinbus ein fürchterlicher Gestank spürbar.

»Seht bei Michelone nach!« rief ich.

»Wieso Michelone!« meinte die ehemalige Pasionaria beleidigt. »Das ist die Handbremse, die schon raucht.«

Ich hielt den Wagen an, versuchte die Handbremse zu ziehen und fand sie fast völlig angezogen. Ich löste sie, öffnete die Türen und wartete, bis sich der Gestank verzogen hatte.

»Bevor man sich ins Auto setzt«, sagte Giò, »muß man prüfen, ob alles in Ordnung ist.«

»Ich habe alles geprüft«, schrie ich zurück, »und die Bremse war nicht angezogen!«

Da schaltete sich Margherita ein:

»Da ich neben einem kindisch gewordenen, verbrecherisch fahrenden Alten sitze, war es nur logisch, daß ich die Handbremse angezogen habe, um sein unsinniges Rasen etwas zu verlangsamen!«

»Margherita«, sagte ich und zeigte ihr einen großen Schraubenschlüssel, den ich aus dem Handschuhfach nahm, »erinnerst du dich noch an den berüchtigten Schraubenschlüsselmord? Gut: Geld hast du genug, steig, ohne ein Wort zu sagen, aus und schau, wie du allein weiterkommst. Du bist in einer Ortschaft und wirst gleich ein Taxi finden.«

Margherita stieg widerspruchslos aus; offensichtlich handelte es sich um Margherita Nummer eins.

Ich nahm die Fahrt wieder auf, und fast im gleichen Moment erklärte mir die frühere Pasionaria, daß ich zur Abkürzung des Weges bis zur Mühle hätte weiterfahren müssen, statt gleich nach der kleinen Kapelle einzubiegen.

Es ist ein schwerer Fehler, einen Autofahrer auf eine Strecke zu verleiten, die er nicht kennt. Nacheinander befand ich mich in einer großen Tenne, auf einer Friedhofszufahrt und auf einem Platz mit Fuhrwerken voller Tomatenkisten, die auf ihre Einfahrt in die Fabrik warteten.

Wir waren in Fontana; auf dem Hauptplatz befahl ich der ehemaligen Pasionaria, auszusteigen und auf eigene Faust weiterzufahren.

In jedem Ort gibt es einen Taxistandplatz.

Michelone schlief in Giòs mächtigen Armen. Nachdem ich Margheritas Tochter stehengelassen hatte, nahm ich die Fahrt wieder auf. Aber gerade als ich durch B. fuhr, war wieder der atemverschlagende Gestank da:

»Schon wieder die verdammte Handbremse!« schrie ich.

»Nein, diesmal ist es Michelone«, erwiderte Giò.

Ich hielt den Wagen an und stieg aus.

»Bringen Sie den Betreffenden in Ordnung«, sagte ich und übergab Giò die Autoschlüssel, »und chauffieren Sie dann selbst. Ich setze den Weg auf eigene Faust fort.«

»Wäre ich Ihre Frau oder Ihre Tochter, so hätte ich

Sie schon umgebracht«, sagte das Mädchen und nahm unwillig die Schlüssel an sich. »Sie sind ein unmöglicher Mensch: Jeden Augenblick haben Sie etwas anderes und scheinen auch ein anderer zu sein.«

»Als Margherita und ich heirateten«, sagte ich, »glaubten wir offenbar, zwei zu sein, dabei waren wir vier.«

»Was wollen Sie damit sagen?«

»Das ist schwer zu erklären. Säubern Sie jedenfalls Michelone und fahren Sie weiter.«

»Einen Moment!« rief das Mädchen. »Ich bin nicht als Babysitter oder Kinderfrau angestellt, sondern als Stütze der Familie. Ich bin nicht verpflichtet, diese wandelnde kleine Mistgrube zu reinigen.«

»Leider«, gab ich zur Antwort, »haben wir auch zwei Giòs. Bring ihn jedenfalls dort hinunter, wo ›Putzerei‹ steht, und laß ihn chemisch reinigen.«

Sie fuhr los und verschwand.

Ich ging zu Fuß weiter und setzte mich außerhalb des Dorfes in die Laube eines Wirtshauses, das für seinen Lambrusco und seine Spezialitäten berühmt ist.

Das kleine Wirtshaus lag an der Straße; bald darauf sah ich einen Kleinbus kommen, gelenkt von der ehemaligen Pasionaria; sie erblickte mich und hielt an.

»Papa«, erklärte die unselige Mutter Michelones, auf Margherita zeigend, »ich weiß nicht, was sie heute hat. Ich chauffiere nicht mehr: Ich gehe mit dir zu Fuß nach Hause. Auch Giò ist schon halb verrückt gemacht worden und weigert sich zu fahren.«

Die frühere Pasionaria, Giò und der wiederhergestellte Michelone stiegen aus. Da hoffte ich inbrünstig, es möge eine Margherita Nummer drei mit Führerschein auftauchen, die wie der Blitz losfahren könnte und uns der Freude des Schattens überließe.

Aber Margherita Nummer drei gab es nicht. Daher stieg Margherita Nummer zwei aus dem Auto, die aber, nach entsprechender Behandlung auf der Grundlage von Speis und Trank, der Margherita Nummer eins Platz machte.

Dies nur, um zu zeigen, welch komplizierte Wesen wir sind.

Der April hat einunddreißig Tage

In jener Nacht hatte ich schlecht geschlafen. Schlecht schlafen heißt bei mir, im Pyjama die ganze Nacht zwischen Arbeitszimmer und Archiv umherwandern, in Photos und unnützem Papierzeug kramen, die trotz ihrer zehn Jahre ein Jahrhundert alt scheinen. Das bedeutet weiter, mit einem Gläschen Kognak ein Antineuralgicum einnehmen, weil ich in der nächtlichen Kühle niesen muß. Daraufhin ein Beruhigungsmittel schlucken, da das Herz durch die erste Tablette in Unruhe geraten ist und wie ein Maschinengewehr trommelt.

Natürlich muß ich daraufhin ein ordentliches Glas kalten Orangensaft trinken, denn der Kognak und die erste Tablette haben mir höllisch eingeheizt.

Da mir das kalte Getränk den Magen verstimmt und das Beruhigungsmittel das Herz geschwächt hat, mache ich mir bald darauf einen Tee und gieße einen halben Liter mit einem herzstärkenden Mittel hinunter.

Leider fängt das so in Trab gebrachte Herz wieder

zu toben an, und eine Hitzewallung treibt mir den Schweiß aus den Poren: Zum Glück ist die Nacht kühl und klar; so kann ich auf der Terrasse meine fünfunddreißigste Zigarette rauchen und dabei die Nachtfrische genießen.

Aber jetzt geht mein Magen entschlossen zum Angriff über und weckt mein altes Geschwür, das bis dahin geschlummert hatte.

Ich gehe also wieder hinein, denn jetzt ist der Augenblick für den »Molotow-Cocktail« gekommen: Das ist ein großer Löffel Bicarbonat, trocken eingenommen und im Magen mit einem Glas ganz heißer Limonade zum Explodieren gebracht.

Ich feiere die Befreiung und lege mich auf das Bett.

Nun suche ich die richtige Lage: Auf der linken Seite geht es wegen des Herzens, auf der rechten wegen der Leber nicht. Auf Bauch oder Rücken geht es auch nicht, weil ich dann kaum atmen kann.

Mein Körper ist dreidimensional und kann im großen und ganzen mit einem Parallelepipedon verglichen werden, das eine Vorderseite, eine Rückseite, eine rechte und eine linke Seite, eine obere und eine untere Fläche hat. Es stehen mir also noch zwei Möglichkeiten offen: mit den Beinen nach oben auf dem Kopf oder umgekehrt zu liegen.

Ich habe aber nie Yoga geübt; auch kann sich ein Mensch schwerlich als niedergelegt betrachten, wenn er köpflings oder füßlings steht.

Also nehme ich die Wanderung wieder auf.

Nun entdecke ich eine große Schachtel mit ungeöffneten Briefen. Ich öffne den einen oder anderen: Sie sind zwanzig Jahre alt und wurden vor den historischen Wahlen des Jahres 1948 geschrieben. Der erste Brief teilt mir eine »unglaubliche« Tatsache mit: »Stellen Sie sich vor, in meinem Ort ist jemand Bürgermeister, der einen armen Teufel umgebracht hat...«

Der Gedanke kommt mir, daß ich gut daran getan habe, diesen Brief nicht zu öffnen. Hätte ich etwa antworten sollen: »Das ist noch gar nichts, lieber Freund. Was werden Sie in zwanzig Jahren sagen, wenn Sie einen Senator erleben, der zum Kerker verurteilt war, weil er ein paar anständige, an seiner Seite kämpfende, aber politisch anders denkende Leute umgebracht hat?«

Im zweiten Kuvert befindet sich ein großer Tausendlireschein. Einer von den alten, leintuchgroßen. Ein armer Kerl schickte ihn mir als spontanen Beitrag, um mich zur Gründung einer Partei anzuregen...

So viel Naivität und Vertrauen rühren mich. Ich glaube, ich werde diesen Schein samt Brief einrahmen lassen.

Der dritte Brief ist von einer Mutter, die über ihren in Rußland vermißten Sohn spricht. Sie bittet mich, meine Polemiken fortzusetzen: »Werden Sie nicht müde, von diesen jungen Leuten zu sprechen!

Es hilft zwar nichts, aber es wird vielen Müttern die Illusion schenken, daß noch jemand ihrer armen Söhne gedenkt... Ihr Wahlplakat mit dem Soldatenskelett hinter dem Drahtverhau eines russischen Lagers hat mir die Tränen aufsteigen lassen. Ja, ich werde ›Auch für ihn dagegen!‹ stimmen, für meinen Sohn...«

Ein schreckliches Weh erfaßt mich, wenn ich an diese armen, vergessenen Knochen denke, über denen jetzt vielleicht das Korn wächst. Da lasse ich die alten, ungeöffneten Briefe und mache mich auf die Suche nach den kleinen amerikanischen Pillen für die Leber.

Auf der Innenseite der Schranktüren sind Ausschnitte aus Zeitungen, Photographien und ein paar Karten befestigt, die mich an meine toten Kameraden erinnern.

Wie viele es schon sind, verwünscht! Dabei sind auch die Türen der danebenstehenden Schränke so tapeziert.

In einem solchen Fall ist der »Gleichgewichtscocktail« angebracht: drei Pillen für die Leber, ein Löffelchen Bicarbonat trocken eingenommen, ein großes Glas Whisky, ein Schluck heißen Tees mit Zitrone und, obenauf, der Rauch einiger Zigaretten.

Auch eine Kopfmassage mit fünfundsiebzigprozentigem Lavendelwasser ist von guter Wirkung.

Auf dem Boden steht die kleine Personenwaage: Ich brauche nur daraufzusteigen. Dreiundsiebzig

Kilo, das ist, gemessen an meiner Größe, zuviel. Das muß von den gekochten Kartoffeln kommen, die ich allabendlich als Hauptgericht nach meiner Tasse Bouillonreis esse.

Ich werde nicht darauf verzichten! »Man muß gefährlich leben«, stand in meiner Jugend auf den Mauern.

»Memento audere semper...«, »Ardisco non ordisco...«, »Das Vaterland verleugnet man nicht, man erringt es.« Wie viele Dinge standen auf den Mauern meiner Jugend. Mein Kopf ist schon ganz wirr, als wäre er nicht mehr der meine.

Nun bellt Ful: Vom Hof her benachrichtigt er mich, daß sich der Himmel dort unten schon aufhellt.

Jetzt müßte ich zur Abrundung des Bildes nur noch meinen alten, handbetriebenen Phonographen ausgraben, ihn aufziehen und die altersschwache Platte der *Danse macabre* von Saint-Saëns auflegen. Dann sollte die Nadel des Tonabnehmers auf den letzten Teil aufgesetzt werden, dort, wo das Morgenrot und die zur Ruhe gehenden Skelette beschrieben werden.

Eine zu komplizierte Angelegenheit. Ich gehe ohne musikalische Begleitung zur Ruhe.

In jener Nacht hatte ich also schlecht geschlafen. Schlecht schlafen bedeutet bei mir, die ganze Nacht wach sein, dann in den Abgrund der Müdigkeit stürzen, sobald die Sonne aufgeht. Und eine halbe Stunde darauf aufschrecken, weil mir geträumt hat, mein

Fahrrad sei gestohlen worden oder ich sei bei der Reifeprüfung durchgefallen.

Daraufhin so beeindruckt und verschreckt sein, daß ich aus dem Bett springe, um mich zu überzeugen, daß ich die Reifeprüfung im Juli 1928 ordnungsgemäß bestanden habe und das Fahrrad noch an seinem Platz steht.

Diese idiotischen Träume kehren immer wieder und haben durchaus keine verborgene Bedeutung, da mir als Kind das Fahrrad tatsächlich gestohlen wurde und ich noch immer nicht begreife, wie ich jene schreckliche Prüfung bestehen konnte, wo ich doch ein solcher Esel und wirklich nicht schlau bin.

Wenn ich schlecht geschlafen habe, trödle ich nach dem Aufwachen stundenlang im Schlafrock in meinem persönlichen Bereich herum, bis ich, in großer Hast angekleidet, wie eine Bombe nach unten gehe, bereit, beim geringsten Zusammenstoß zu explodieren.

Gegen elf Uhr ging ich also in das Speisezimmer hinunter und blickte mich um. Wäre mir nur ein einziges schief hängendes Bild oder eine schlecht zusammengefaltete Zeitung unter die Augen gekommen, so hätten sich in diesem Raum die Ereignisse von Hiroshima wiederholt.

Zum Glück war alles in Ordnung, kein Bild fiel aus dem Rahmen, keine Zeitung war schlecht gefaltet. Meine Post lag wohlgeordnet mitten auf dem großen Eichentisch, der Boden glänzte sauber, aber ohne Spur von dem verdammten Wachs, auf dem ich unweigerlich ausrutsche. Alles in schönster Ordnung: auf dem Kaminsims die ordentlich geputzten, mit schön geraden, glatten Kerzen versehenen Kerzenleuchter aus Messing. Der dicke Kalenderblock zeigt das richtige Datum: »Dienstag – 30. April.«

Margherita und Giò schenken mir keinerlei Beachtung: Unter gewissen Umständen kann nichts mich mehr ärgern, als wenn man mir einen guten Morgen wünscht und mich fragt, ob ich etwas brauche.

Die Post! Die verfluchte Post! Manchmal genügt ein Brief, eine dumme Postkarte oder ein noch dümmeres Billett, um mir den ganzen Tag zu verderben.

Unter der Post war ein Telegramm, das ich als erstes öffnete. Nichts Schlimmes. Die übliche Einmahnung eines versprochenen und noch nicht gelieferten Artikels.

Weiter: offene Rechnungen, die Aufforderung zur sofortigen Bezahlung einer neuen Steuer, fünf Briefe mit haarsträubenden Beleidigungen wegen eines gewissen Artikels, den ich verfaßt hatte.

Kurzum, alles wie immer: nichts, das mich beunruhigt hätte. Als hätte eine wunderbar intelligente Sekretärin die ganze Post durchgesehen und dabei alles Ärgerliche ausgesondert.

Ein paar abonnierte Zeitungen gehen mir jedoch ab.

»Sie sind nicht gekommen«, erklärte mir Margherita. »Es muß Poststreik sein. Die Briefe sind noch von der gestrigen, zweiten Postzustellung. Gestern abend bist du nicht zum Abendessen erschienen. Du hast, wenn du dich erinnerst, oben zu Abend gegessen.«

»Freilich erinnere ich mich. Es liegt mir noch alles auf dem Magen. So geht es immer, wenn ich ungern und allein esse. Was gibt es denn heute zum Mittagessen?«

Giò schilderte mir das Menü, und ich fand darin alles nur Wünschbare.

»Ausgezeichnet!« rief ich. »Denk daran, Giò: Sollte jemand kommen, liquidiere ihn. Heute will ich keinen Menschen sehen!«

»Seien Sie ganz beruhigt«, antwortete das Mädchen. »Ich mache das schon.«

Genau in diesem Augenblick klopfte es an der Tür, und Giò lief nachsehen. Ich hörte ihre ärgerliche Stimme. Sie schien zu streiten, worauf Margherita in das Vorzimmer stürzte. Aber sie kam zu spät. Denn schon drangen Freund Francesco und seine Frau ein. Francesco trug ein elegantes Päckchen, und seine Frau hielt einen großen Nelkenstrauß in den Armen.

»Stellt euch vor«, schrie Francesco lärmend, »ich soll also glauben, daß unser Giovannino nicht zu Hause ist! Ausgerechnet heute!«

Jeder Mensch hat einen überströmenden, aufdringlichen Freund, den er mit Vergnügen umbrächte. So ein Freund ist Francesco. Er erblickte sogleich den Kalender und rief:

»Was heißt dreißigster April! Man muß auf dem laufenden sein!«

Schon streckte er seine Pfote nach dem Kalender aus, als ich ihn brüllend aufhielt:

»Du brauchst das Blatt nicht abzureißen! Alle hier Anwesenden haben sich geplagt, vor mir alles zu verstecken, was mich an den heutigen Tag erinnern könnte, und jetzt kommst du Idiot und verdirbst mir das Ganze. Ich weiß sehr wohl, daß heute nicht der dreißigste April, sondern der erste Mai und mein sechzigster Geburtstag ist!«

»Alles Gute, Giovannino!« rief der Trottel.

»Verschwinde!« war meine Antwort. »Und schaut, daß ihr weiterkommt, du, deine Frau, deine sechzig roten Nelken und dein französischer Champagner!«

Tödlich beleidigt gingen sie alle ab (Champagner und Nelken inbegriffen), und ich wußte, daß ich sie gottlob nie mehr wiedersehen würde.

Margherita und Giò sahen mich sehr besorgt an. Aber nun war die Bombe geplatzt, und ich hatte wieder meinen Normaldruck.

»Alles geht wunderbar!« rief ich fröhlich: »Wir haben noch immer den dreißigsten April!«

Und wir feierten fröhlich den dreißigsten April.

Dreißig Tage zählt November – dreißig Juni und

September – achtundzwanzig gibt's nur einen – alle andern dreißig-einen.

Auch April, wenn es sein muß.

Gramigna

Jedes Jahr bin ich am Heiligen Abend mit Gramigna[2] verabredet.

Gramigna ist der Klassenletzte: ein kleines Bürschchen mit einem Lausbubengesicht und einer zu knapp und zu kurz gewordenen Schulschürze. Die Schultasche trägt er umgehängt, wie es in früheren Zeiten bei den Kindern üblich war; in der Schürzentasche steckt eine Schleuder, eine von den echten, aus einem gegabelten Ulmenast gemacht, die Gummiriemen aus einem Fahrradschlauch herausgeschnitten und der Ledersack für die Steine aus Vaters alten Stiefeln angefertigt.

Gramigna ist ein Schulbub alten Stils und von der modernen Zeit nur insofern angekränkelt, als er Halbschuhe statt der hohen Stiefelchen meiner Jugend trägt; diese Stiefel waren mit Nägeln versehen, die im Winter zum Schlittern auf den vereisten Gräben längs der Schulwege unbezahlbar waren. Selbst-

---

1 Gramigna = Unkraut.

verständlich waren sie aus Rindsleder, einem dauerhaften Material, und nicht aus Kalbsleder oder Schewro (welche Enttäuschung, als ich erfuhr, daß es richtigerweise Chevreau hieß!).

Das waren schöne Zeiten, damals.

Jedes Jahr am Heiligen Abend habe ich also eine Verabredung mit Gramigna, und das ist etwas Tröstliches.

Ich bin, wie gesagt, nicht mehr der Jüngste, aber durchaus kein weinerlicher Mensch. Keiner von denen, die schluchzen, wenn sie an die Stätten ihrer Jugend zurückkehren und dort manches zerstört oder verändert finden.

Ich gestehe es: Als ich zum erstenmal wieder nach Parma fuhr, reiste ich mit der Bahn, weil man mich als Kriegsverlierer gerechterweise um mein erstes, auf Raten gekauftes Auto gebracht hatte. Ich war recht bestürzt, als ich auf dem großen Platz gegenüber dem Bahnhof nicht mehr das riesige Verdi-Denkmal, sondern fürchterliche Zement-Mietskasernen erblickte. Ich war bestürzt, da ich zwar wohl wußte, daß ich, nicht aber, daß Verdi den Krieg verloren hatte. Ich verstand nicht, weshalb man das durch amerikanische Bombenangriffe beschädigte Verdi-Denkmal nicht wiederhergestellt, sondern dem Erdboden gleichgemacht hatte, um an seiner Stelle diese Kasernen zu errichten.

Später erlernte ich rasch die demokratische Logik, von der ich, ein Kind der Diktatur, nichts hatte wissen können. Daher war ich auch nicht mehr bestürzt, wenn ich später auf jeder meiner Reisen nach Parma entdeckte, daß die »Befreiungsspitzhacke« (eine ganz andere als die berüchtigte »Assanierungsspitzhacke«) etwas mir Liebes niedergerissen hatte.

Freilich, es tat mir weh. Aber ich sage es noch einmal, ich bin kein rührseliger Alter, und ich glaube, daß auch eine völlige äußerliche Veränderung der Stätten, in denen ein Mensch seine Jugend verbracht hat, seinem Leben nichts anhaben kann.

Ich halte dies letztlich sogar für nützlich, denn wenn man als alter Mensch die Schauplätze der Kindheit wiedersieht, erkennt man unweigerlich, wie sehr das im Gedächtnis bewahrte Bild die Wirklichkeit dieser Stätten übertrifft.

Die Augen eines jungen Menschen sehen die Dinge auf ganz andere Art als die müden, enttäuschten Augen eines Alten.

Das Wesen der Dinge selbst ist ein anderes geworden, wie ich an einem Beispiel erklären werde.

Ein junger Mann von fünfundzwanzig Jahren zog in den Krieg: Er hatte erst vor einem Jahr geheiratet und war schon Vater eines wunderschönen, zweijährigen Knaben, woraus man leicht ersehen kann, wie groß die Liebe war.

Als er Abschied nahm, begleitete ihn die junge, schöne Frau zum Zug und sagte: »Ich werde auf dich warten!« Er kam nach Afrika und geriet in Gefangenschaft. Nach Beendigung des Krieges ward ihm die Möglichkeit geboten, in ein wichtiges Geschäft einzusteigen. Er schrieb also seiner Frau: »Ich kann jetzt für uns und das Kind eine sichere Zukunft aufbauen und möchte diese Gelegenheit nicht versäumen.« Sie schrieb ihm zurück: »Bleib nur, ich werde auf Dich warten!«

Er blieb und kam genau fünfundzwanzig Jahre nach seiner Abreise mit Geld beladen wieder nach Hause. Er fand das neue Haus und drückte den Klingelknopf, während ihm das Herz beinahe zerspringen wollte. Wenige Augenblicke später stand er einer fünfzigjährigen Matrone mit grauem Haar und knochigen, sehnigen, aderngeschwollenen Händen gegenüber.

»Du hast nicht auf mich gewartet!« sagte der Mann voll tiefster Enttäuschung. Dann erschien ein Brocken von jungem Mann mit einem großen Schnurrbart, der von dem hübschen Kindchen vor fünfundzwanzig Jahren schrecklich verschieden war. Nicht einmal er hatte auf ihn gewartet.

Ich weiß nicht, was diese kleine Geschichte bedeuten soll, denn von psychologischen und philosophischen Dingen verstehe ich nichts.

Ich weiß nur, daß ich mich jetzt, wenn ich in meine Stadt komme, wie ein Mensch fühle, der nach dreißigjährigem Schlaf in einer völlig fremden Welt erwacht.

So wandere ich durch nie gesehene Straßen und suche vergeblich die alten Mauern von einst. Aber es ist nicht das, was mich bestürzt. Diese Veränderungen würden mir nichts ausmachen, wenn ich die Gesichter von einst wiedersehen könnte.

Es nützt nichts, gegen die Zerstörung alter, wunderschöner Paläste und deren Verdrängung durch schändliche Kästen aus Eisenbeton zu polemisieren.

Man müßte vielmehr, wenn es möglich wäre, gegen die Zerstörung junger, schöner und gesunder Menschen und deren Verdrängung durch runzlige, halbkahle, zahnlose und katarrhkranke Alte ankämpfen.

Dann ist es noch immer besser, in den von den »Städtebauern« verunstalteten Straßen unbekannte, lebensvolle junge Leute zu treffen, als in noch unberührten Gassen Gespenstern zu begegnen.

Gespenster: Welches ist das traurigste und bedrückendste Schauspiel, das sich mir bietet, wenn ich in meine Stadt komme?

Das Wiedersehen mit dem Dom, dem Baptisterium, dem Palazzo Farnese, der Universität, der Kirche Madonna della Steccata, dem Königlichen Theater usw.

Was suchen diese fremden Gespenster inmitten der Stadt der großen Kaufhäuser und Supermärkte? In dieser modernen Stadt, in der das Parmaveilchen durch den Duft der Abgase von zwei- oder dreihunderttausend Autos verdrängt wurde?

Man müßte sie Stück für Stück abtragen und am Rande der Stadt hinter einer Einfriedung aufbauen.

Sprecht Ihr mir von künstlerischen Werten, Zeugen der Vergangenheit, touristischen Lockmitteln? Was suchen die Touristen als erstes, wenn sie in die Stadt kommen?

Einen Parkplatz suchen sie. Geben wir ihnen also einen. Und geben wir ihnen die wichtigsten Sehenswürdigkeiten an einer Stelle vereint, samt der Möglichkeit, sie in wenigen Minuten zu besichtigen.

Alljährlich am Heiligen Abend bin ich mit Gramigna verabredet. Immer steht er pünktlich dort, unverändert und aufrecht auf dem Granitsockel, unter dem seine alte Lehrerin, meine Mutter, in Frieden ruht.

Gramigna ist der Klassenletzte, und damit es alle wissen, wollte es der Bildhauer, der ihn meisterlich gestaltet hat, auf dem Fußsockel einmeißeln.[1]

Gramigna erwartet mich. Er trägt die Schultasche umgehängt, aber der Riemen haftet nicht völlig am Körper des Bürschchens an: So bleibt zwischen dem bronzenen Riemen und der bronzenen Schulschürze ein kleiner Zwischenraum, in dem immer eine Blume steckt.

Gramigna steht pünktlich dort, und der Gedanke, daß er stets derselbe bleibt, tröstet mich

---

[1] Angeregt durch eine Erzählung von Guareschi gestaltete der Bildhauer Froni die Figur des »Klassenletzten«, die sich neben dem Grab der Mutter des Autors befindet.

über die Veränderungen, die ich in der Stadt auf dem Weg zum Friedhof bemerkt habe.

Aber wie lange wird es noch dauern?

Die Stadt breitet sich aus und nähert sich täglich mehr jenem kleinen Teil, der im Begriffe ist, Stadtrand zu werden. Und die Toten zählen mit jedem Tag weniger.

Überdies sind die Toten Gemeindeeigentum, und mit der Gemeinde streitet man nicht. Es wäre daher nicht verwunderlich, fände ich anstelle Gramignas eines Tages eine Tankstelle, die weit nützlicher und einträglicher ist als ein Grab.

Es wäre nichts Erstaunliches in einer modernen Stadt, die nicht zögert, das Verdi-Denkmal abzureißen und an seiner Stelle Wohnkasernen zu erbauen.

Dieses traurige, aber folgerichtige Los würde den Klassenersten Verdi und den Klassenletzten Gramigna verbrüdern.

Was vom Standpunkt der sozialen Nivellierung aus absolut richtig wäre.

Als ich das vorige Mal zu Gramigna ging, waren sein Kopf und seine Schultern weiß überzogen. Der Wind brachte von weit her Schneeschwaden, und man konnte die Grablichter nur mühsam anzünden.

»Was ist mit dir los, Kind?« fragte mich die alte Lehrerin. »Du hast ja schon weiße Haare?«

»Nein«, antwortete ich, »das ist Schnee.«

»Dann setz dir die Mütze wieder auf, sonst wirst du krank werden.«

»Gibt es etwas Neues?« erkundigte sich der Mann der Lehrerin.

Da ich wußte, daß es ihn freuen würde, sagte ich, man habe die Hunderttausendlire-Banknoten mit Manzonis Bild in Umlauf gebracht.

Er freute sich darüber sehr und begann zu deklamieren: »Lebt wohl, ihr Berge, entstiegen dem Wasser...«

»Halt ihn nicht auf!« sagte die alte Lehrerin mit strengem Vorwurf. »Er muß gleich nach Hause: Bald kommt die Dunkelheit!«

Der alten Lehrerin widerspricht man nicht, also ging ich.

»Frohe Weihnacht und ein gutes Jahr 1968, Gramigna«, flüsterte ich, als ich um den schweren Granitblock herumging. »Wer steckt dir eigentlich immer eine Blume unter den Riemen der Tasche?«

»Ich!« murmelte Gramigna.

Vera Dry

»Was bedeutet: ›Konsumgesellschaft‹?« fragte mich Giò heuchlerisch.

»Das neue Lebenssystem der Wohlstandsgesellschaft«, antwortete ich. »Früher wollten die Menschen mehr arbeiten, um mehr zu verdienen und mehr zu ersparen. Heute wollen die Leute weniger arbeiten und mehr verdienen, um mehr auszugeben.«

»Das scheint mir ein richtiger Grundsatz zu sein«, bemerkte das Mädchen.

»Ja, solange dieses Mehrausgeben nicht zur Versklavung ausartet.«

»Das wäre?«

»Wenn es mir zum Beispiel nicht paßt, Weekends zu veranstalten, das Auto jedes zweite Jahr umzutauschen oder an langweiligen kleinen Festen der Nachbarn teilzunehmen, so muß ich tun können, was mir paßt!«

»Wer hindert Sie daran?«

»Bis jetzt noch niemand. Aber wenn unser Land

durch den Wohlstand mit Amerika auf derselben Stufe stehen wird, dann wird der einzelne nicht mehr machen können, was er will, oder er wird, wie es in Amerika geschieht, als Bettler oder asoziales Element angesehen.«

Giò schüttelte den Kopf.

»Unsinn. Jedes Volk hat seine eigene Mentalität. Hier kann so etwas nicht vorkommen.«

»Nur Menschen, die schon ein gewisses Alter erlangt und daher eine ausgeprägte Persönlichkeit haben, werden sich retten können: Aber die jungen Menschen, die schon in dem neuen Klima zur Welt gekommen und herangewachsen sind? Giò, sehen wir nicht schon genug junge Leute, die traurig und ziellos umhergehen? Weil sie in einer Welt leben, die sie nicht lieben können, da sie ganz auf das Materielle beschränkt und jeder Geistigkeit, jeden Märchens und folglich jeder Hoffnung entleert ist? Wie viele Jugendliche müssen sich stets zu Horden scharen, weil sie, mit sich selbst allein, schreckliche Angst vor der Leere bekommen?«

Giò schaute mich verwundert an.

»Natürlich spürt man die Leere, wenn man allein ist! Aber sagen Sie mir doch: Was soll *ich* denn tun, wenn ich allein bin?«

»Nachdenken.«

»Schöne Unterhaltung!« meinte sie spöttisch lächelnd.

»Giò, im Kino unterhältst du dich doch?«

»Freilich, aber das ist etwas anderes. Im Kino verfolge ich eine Geschichte mit Handlung, Personen, Milieu usw.«

»Jeder«, erklärte ich freundlich, »trägt so viel Stoff in sich, daß er leicht Tausende von Filmen ›drehen‹ könnte, die viel interessanter wären als die im Kino, weil er selbst der Hauptdarsteller der Handlung wäre.«

Das Mädchen schaute mich mit echtem Mitleid an. »Ich verstehe schon: die übliche dumme Träumerei mit offenen Augen.«

»Nein. Hier geht es darum, organische Geschichten mit einer festen Verankerung in der Wirklichkeit zu konstruieren. Jeder Mensch birgt in sich Neigungen und Bestrebungen, Überzeugungen, Wünsche, Hoffnungen, Gefühle, Abneigungen, Ehrgeiz und Erfahrungen: Von all dem muß die Geschichte ausgehen, die du dir selber erzählen willst. Natürlich müssen die Gespräche zwischen den einzelnen Personen Satz für Satz konstruiert werden, auch muß jede Situation durch die Logik geboten und auch wieder aufgelöst sein. Wenn du in deinem Kopf eine Filmproduktion dieser Art aufgebaut hast, wird es dir ein Vergnügen sein, mit dir selbst allein zu bleiben.«

»Zeit- und Gedankenverschwendung«, stellte Giò fest.

»Ja, wenn jemand Sägespäne im Kopf hat. Mit einem normalen Gehirn und einiger Selbstkenntnis wird man dabei aber nie über die Grenzen der eigenen Möglichkeiten hinausgehen. Übrigens haben diese ›Phantasien‹ dann auch oft praktischen Nutzen. Im Kopf eines jeden normalen Menschen wird, vom Erwachen seiner Vernunft an, eine Reihe von Filmen gedreht, die den Titel tragen: *So möchte ich leben*. Diese Filme werden je nach den großen oder kleinen Erlebnissen des betreffenden Menschen gedreht, wiedergegeben und fortwährend abgeändert. Aber die Hauptspur bleibt immer dieselbe. Bedenke, daß diese Phantasiefilme stets zwei Zuschauer haben: dich und dein Unterbewußtsein. Es kann die Filme niemals vergessen, und wenn es bemerkt, daß du im wirklichen Leben die Möglichkeit hast, dich dem Weg deines Filmhelden zu nähern, dann drängt es dich zu jenen kleinen Wendungen oder Abweichungen, die dich auf diesen Weg kommen lassen.«

Giò bedachte die Angelegenheit in Ruhe.

»Ich will es versuchen«, meinte sie und zog sich in ihre Gemächer zurück.

Zwei Tage lang war Giò äußerst zurückhaltend, doch sah man ihr die Unschlüssigkeit an. Am dritten Tag schüttete sie bei Margherita ihr Herz aus.

»Signora«, sagte sie, »liegt es im Bereich des Wahrscheinlichen, daß ich einen Abstecher nach Tabiano mache und dort einen Kurgast aus Rom kennenlerne?«

»Sicherlich«, antwortete Margherita. »Durch die Krankenkasse kommt ja halb Italien nach Tabiano und Salsomaggiore.«

»Er ist aber nicht auf diese Weise dorthin gekommen«, erläuterte das Mädchen. »Er ist ein berühmter Regisseur.«

Margherita begann zu lachen.

»Ich hätte es geschworen! Es gibt kein Mädchen, das nicht dumm genug wäre, von der Begegnung mit einem großen Filmregisseur zu träumen, der zu ihm sagt: ›Ich mache dich zum größten Filmstar der Welt!‹«

»Nein, Signora!« widersprach das Mädchen beleidigt. »Ich bleibe innerhalb der Grenzen des Wahrscheinlichen. Er muß einen geistreichen Film drehen: die Geschichte eines armen Dienstmädchens, das zwei Milliarden Dollar erbt, eine bedeutende Persönlichkeit wird und sich einen Spaß daraus macht, die Wichtigtuer schlecht zu behandeln. Ist es etwa unwahrscheinlich, daß ein Regisseur für die Rolle des Hausmädchens ein Hausmädchen wählt?«

»Wahrscheinlicher wäre es, wenn er das Hausmädchen für die Rolle der Herzogin auswählte«, bemerkte Margherita. »Wie dem auch sei, hast du den Vertrag schon unterzeichnet?«

»Nein, ehe ich mich in das Filmgeschäft stürze, möchte ich das Ganze noch einmal überlegen.«

Giò war nun vom Spiel erfaßt und benützte jeden freien Augenblick, um sich abzusondern und im Geiste an ihrer Geschichte zu arbeiten. Eines Tages trat sie vor mich hin.

»Ich bin mir nicht klar über die Wahl des Künstlernamens«, sagte sie. »Welcher gefällt Ihnen besser: Rosa Colt oder Vera Dry?«

»Rosa Colt klingt zu sehr nach Wildwestfilmen«, bemerkte Margherita. »Vera Dry scheint mir hingegen eher für einen Sekt geeignet als für eine Künstlerin.«

Ich bemerkte, mir gefalle der Name eben darum, weil er an eine prickelnde Schauspielerin denken lasse.

Es vergingen einige Tage voll intensiver geistiger Arbeit für Giò. Stets in Gedanken versunken, antwortete sie nur noch einsilbig. Dann schüttete sie endlich ihr Herz bei Margherita aus.

»Mit Vera Dry ist es aus«, sagte sie dramatisch. »Ich habe *ihn* für einen wunderbaren Menschen gehalten, dabei ist er nur ein Schuft.«

Margherita meinte kopfschüttelnd: »Ich wußte, daß es so enden würde. Die übliche Geschichte von dem naiven Mädchen, das von einem Schurken enttäuscht wird! Die Welt des Films kennt unzählige ähnliche Geschichten.«

»Nein«, entgegnete das Mädchen. »Hier liegt der Fall anders. Ich habe sechs Filme gedreht und dabei aufsehenerregenden Erfolg errungen. Ich habe es zum Ferrari, Rolls-Royce, zur Villa gebracht, vom Schmuck ganz zu schweigen. Dann habe ich mich dummerweise in ihn verliebt, und der gemeine Kerl hat mich mit einem billigen Filmsternchen betrogen. Ich habe ihn wie einen Hund davongejagt.«

»Und jetzt arbeitest du natürlich mit einem anderen Regisseur!« sagte Margherita.

»Nein. Vom Film habe ich genug. Eine schmutzige Welt, die nicht für mich taugt. Jetzt habe ich in Paris einen großen Modesalon eröffnet. Ich hatte das Glück, einen gewissen Goodfrey zu finden, ein wahres Wunder von Modellzeichner, und die Geschäfte blühen. Ich gestehe, daß mir Goodfrey immer sympathischer wird; ich glaube, wir werden heiraten.«

»Giò, sei vorsichtig«, mahnte Margherita. »Dieser Goodfrey gefällt mir nicht.«

Leider hatte Margherita recht. Nach zweitägigem dumpfem Schweigen vertraute uns Giò ihre traurige Geschichte an: Goodfrey war mit dem üblichen schamlosen schwedischen Mannequin und den Modellen durchgebrannt, gerade als Giò eine neue Kollektion vom Stapel lassen wollte. Das Unternehmen war ruiniert.

»Was hast du unternommen?« fragte Margherita.

»Ich habe alles verkauft, um die Schulden zu zahlen«, erläuterte Giò. »Ich war wie von Sinnen: Nachts irrte ich durch Paris und verharrte beim Anblick des dunklen Seinewassers. Gestern abend, als ich am Brückengeländer lehnte, ging sie, die schamlose Schwedin, vorüber. Als sie mich sah, blieb sie stehen und sagte sarkastisch: ›Hier können Sie sich nicht hinunterstürzen, Madame. Schuttabladen ist hier verboten.‹ Da verlor ich die Besinnung: Ich packte sie bei den Schienbeinen und schleuderte sie über die Brüstung. ›Doch, man darf‹, schrie ich ihr zu, während sie in den Fluten versank.«

»Giò«, schaltete ich mich ein, »die Antwort ist gut, aber nur wegen einer schlagfertigen Antwort bringt man niemanden um. Nicht einmal ein schwedisches Mannequin. Wie kommst du jetzt aus dieser Geschichte heraus?«

»Es hat mich niemand gesehen«, antwortete Giò. »Ich werde untertauchen und als Serviermädchen in einem Bistro oder in der Fremdenlegion enden.«

»Giò«, sagte Margherita, »möchtest du nicht wieder zu uns kommen? Hier ist immer ein Platz für dich frei.«

Das Mädchen überlegte und antwortete sodann:

»Ich glaube schon, daß ich möchte. Aber stellen Sie sich diese Demütigung vor: Nachdem ich Königin des Films und der Mode war, sinke ich wieder zum Hausmädchen herab! Nichts ist mir von meiner ruhmreichen Vergangenheit geblieben!«

»Etwas ist doch geblieben«, sagte ich. »Anstatt Giò werden wir dich Vera Dry nennen.«

»Sie sollten sich schämen, überhaupt ein Wort zu reden!« hielt sie mir vor. »Sie sind ja an allem schuld. Hätten Sie mich nicht zum Nachdenken verleitet, so hätte ich heute weder die Bitterkeit furchtbarer Enttäuschungen noch die Gewissensbisse, jemanden umgebracht zu haben.«

»Aber nein!« sagte Margherita. »Du hast sie keineswegs umgebracht. Die Schwedinnen sind alle sportlich und schwimmen wie die Fische; die hat höchstens einen Schnupfen davongetragen!«

Überaus erleichtert ging Giò hinaus.

Mißgeschick mit Minirock

Seit mindestens einem Monat war Giò in Aufregung, erhielt geheimnisvolle Anrufe und mußte blitzartig zu Verabredungen in die Stadt, so daß ich eines Tages zu Margherita sagte:

»Hast du eine Ahnung, was das Mädchen anrichtet?«

»Nein, und es interessiert mich auch nicht. Das betrifft ihre *Privacy*. Jeder Mensch hat das Recht auf ein Privatleben.«

»Ja, solange sie ihr Privatauto benützt und nicht meinen Spider. Dieser gehört zu meiner *Privacy*.«

»Das zweisitzige Kabriolett ist ein Auto für junge Leute, nicht für Personen gesetzten Alters«, hielt mir Margherita entgegen.

Ich ließ die Sache auf sich beruhen: Ich konnte Margherita doch nicht erklären, daß der Spider das einzige Auto ist, das diesen Namen verdient. Der echte Wagen muß offen sein. Das echte Automobil entstand 1770 in Frankreich als selbstbewegliches Fahrzeug mit Verdeck, das in Notfällen wie ein Regenschirm verwendet werden kann. Der echte Autofahrer lenkt in der Geisteshaltung, mit der ein Reiter reitet. Die Innenlenkung wurde aus Bequemlichkeit von den Handlungsreisenden ersonnen, die im Gefolge ihrer Musterwaren reisen; und selbstverständlich war sie eine Idee der Amerikaner, der Konstrukteure der neureichsten und scheußlichsten Autos der Welt. Es belustigt mich sehr, wenn ich in den alten und berühmten »Traumautos« der Amerikaner hier bei uns nur Zigeuner fahren sehe.

Zwischen dem Fahrer im offenen Wagen und dem Lenker eines geschlossenen Wagens besteht der gleiche Unterschied wie zwischen einem Menschen, der Kotelett nach Florentiner Art, und einem, der Konservenfleisch ißt.

Das wird alle jene schockieren, die das Auto als ein Stückchen Haus auf Rädern ansehen und das Wageninnere am liebsten mit Jalousien, Gardinen, Teppichen, Radio, Fernsehapparat, Plattenspieler, Klimaanlage, Autobar, Kühlschrank und anderem Plunder dieser Art ausstatten würden. Aber ich wiederhole, das echte Auto ist mit dem Ende des zweisitzigen Kabrioletts gestorben.

Doch lassen wir das. Giò war seit ungefähr einem Monat in Unruhe, und nun erfuhr ich endlich den Grund.

»Sie«, sagte sie zu mir, »erinnern Sie sich, wie ich mit dem Postautobus von meinem Dorf abgereist bin? Mein Fiberkoffer war mit Eisendraht zusammengebunden, und mein Kleid schien mit der Gartenschere zugeschnitten zu sein.«

Ich antwortete, daß ich mich des Ereignisses vollkommen klar entsinnen könne, worauf sie gebot:

»Warten Sie einen Augenblick.«

Sie verschwand und kehrte bald darauf derart aufgemacht wieder zurück, daß mir die Augen übergingen.

»Begreifen Sie?« rief sie. »Sonntag ist Kirchweihfest, und ich will mit Ihrem Kabriolett in mein Dorf fahren. Dann halte ich mit dem Wagen auf dem Dorfplatz vor dem Café, steige aus, nehme an einem Tischchen Platz, zünde eine Muratti an, bestelle einen Whisky, zahle mit einem Tausendlireschein und lasse den Rest als Trinkgeld, werfe die kaum angerauchte Zigarette fort, steige wieder ein und entschwinde à la James Bond. Können Sie sich vorstellen, was die Leute sagen werden?«

»Sie werden sagen, daß du den Rock zu Hause vergessen hast«, bemerkte Margherita.

Tatsächlich war Giòs Kleid so erschrecklich »op« wie nur vorstellbar; vom Minirock war nur noch das »Mini« geblieben.

»Und am Abend«, setzte das Mädchen fort, »gehe ich mit meinem ›Goldfinger‹ aus Goldlamé mit der Stickerei aus künstlichen Brillanten tanzen, dazu trage ich eine Perücke, so gewaltig und feuerrot wie der Brand von Philadelphia. Es soll alle der Schlag treffen! Was meinen Sie dazu?«

»Ich finde, daß du ein wichtiges Detail außer acht gelassen hast«, antwortete ich. »Der Balkon deines Hauses ist doch straßenseitig gelegen, wenn ich nicht irre.«

»Natürlich, aber was hat das damit zu tun?«

»Wenn die Tanzveranstaltung beendet ist, könntest du vor dem Zubettgehen in einem Schlafrock mit Verzierungen aus Katzenaugen auf dem Balkon erscheinen...«

»Eventuell noch mit einer Halskette aus farbigen kleinen Glühbirnen«, fügte Margherita hinzu. »Die Batterie könntest du im Büstenhalter verstecken.«

»Was haben dir deine Dorfgenossen eigentlich angetan?« fragte ich.

»Mir nichts: Ich ignoriere sie. Ich tue es wegen meiner Mutter. Wenn Sie wüßten, wie sehr man sie mit Bosheiten gequält hat, als mir der Unfall im Elfhunderter passiert ist.«

»Du hast einen Autounfall gehabt?« fragte Margherita erstaunt.

»Die Geschichte mit dem Kind hat im Elfhunderter dieses Tagediebes begonnen«, erläuterte Giò. »Aber am Sonntag will ich meine Mutter rächen und ihr die schönste Befriedigung ihres Lebens zuteil werden lassen!«

Margherita ist ein sentimentales Wesen und war zu Tränen gerührt.

»Sie hat eine edle, großmütige Seele!« rief sie. »Um ihre Mutter zu erfreuen, zögert sie nicht, beinahe den ganzen Rock zu opfern, und sie würde keinen Augenblick zaudern, auch das übrige zu opfern und *topless* ins Dorf zu kommen!«

»Signora«, rief das Mädchen, »man hat nur eine Mutter!«

Sie fuhr also Sonntag früh mit meinem Zweisitzer ab, angetan mit ihrem aufsehenerregenden schwarzweißen »Op-Kleid«.

Beim Mittagessen sprachen wir selbstverständlich über sie.

»Meiner Meinung nach«, sagte Margherita, »werden sie den Minirock überleben, aber einigen von ihnen, obwohl es kräftige Leute sind, wird der Goldlamé-Goldfinger zuviel werden.«

In diesem Augenblick wurde die Speisezimmertür aufgerissen, und Gió erschien.

Verblüfft sahen wir sie an. Selbst Margherita, die nicht leicht zu beeindrucken ist, riß die Augen weit auf. Von der Hüfte aufwärts war Giò noch immer »op«, aber von der Hüfte abwärts sah sie eher nach Rotchina aus, denn sie trug ein Paar abgenützter, verblichener, geflickter Hosen aus blauem Leinen. Eben diese Hosen trug sie, als sie in der Fabrik arbeitete, wo Margherita und ich sie zum erstenmal sahen.

»Giò!« rief Margherita. »Was ist mit dir geschehen?«

Sie breitete die Arme aus:

»Ein Mädchen, das in seinen zartesten Empfindungen und seiner Würde beleidigt worden ist, darf ein solches Mädchen seine Mutter schlagen?«

Da wir an Giòs Mutter und an ihre Arme dachten, die wie Eichenstämme aussahen, verneinten wir. Nun erzählte das Mädchen sein kummervolles Erlebnis.

»Die Hitze hatte mein Make-up aufgeweicht«, erzählte sie, »und bevor ich auf dem Dorfplatz anhielt, wollte ich noch nach Hause fahren, um mich zu erfrischen. Als meine Mutter mich sah, wurde sie zur wütenden Tigerin. Auch das Kind hat mich wie einen Marsmenschen empfangen: Der Plastikhund hat ihm Angst eingejagt, das Weltraum-Dreirad wollte es nicht einmal sehen. Es brüllte wie am Spieß und bekam beinahe Krämpfe. Ich mußte die Spielsachen wieder mitnehmen.«

»Und der Fernsehapparat?«

»Auch den habe ich wieder mitgebracht. Meine Mutter meinte, zum Blödwerden habe das Kind noch immer Zeit genug. ›Wenn du dieses Krebsgeschwür ablädst, zerschlage ich es mit dem Hammer‹, brüllte die Mutter.«

»Ich verstehe alles«, brummte Margherita, »bis auf die Hosen.«

»Das verstünden Sie, wenn Sie die Stange gesehen hätten, die meine Mutter in der Hand hielt, als sie mich zum Anziehen der Hosen zwang! Sie sagte, lieber wolle sie mich töten, als mich als Schweinigel gekleidet herumlaufen lassen.«

»Ja«, bemerkte Margherita, »sobald du aber von zu Hause fort warst, hättest du die Hosen ja ausziehen können!«

»Aber wie denn?« rief Giò verzweifelt. »Sehen Sie denn nicht, daß mir die Hosen mit Draht auf den Leib geschnürt sind?«

Giòs Mutter hatte erstklassige Arbeit geleistet, denn sie hatte den Draht nicht nur um die Taille geschnürt, sondern auch um jedes Bein ein solides Netzwerk geflochten. Um Giò zu befreien, mußte ich in die Garage laufen und mich mit Zange und Drahtschere ausrüsten. Es war eine harte Arbeit.

Giò war nun traurig:

»Ich habe mich geopfert, um ihr Genugtuung zu verschaffen, und so hat sie es mir gelohnt. Sie hat mich wie eine Wahnsinnige behandelt. Und nicht nur über mich hat sie sich aufgeregt! Sie meinte, Sie und Ihre Frau müßten Narren sein, weil Sie mir das Auto geliehen und mich in einem solchen Aufzug umhergeschickt haben!«

»Aber was habe ich damit zu tun?« protestierte Margherita. »Warum hast du ihr nicht gesagt, daß im Hause *er* regiert, und ich nichts zu sagen habe?«

»Weil es nicht wahr ist«, erwiderte Giò. »Was soll ich jetzt mit dem Fernsehapparat anfangen?«

»Tausch ihn gegen eine junge Kuh ein«, riet ich ihr. »Über ein Kalb würde sich deine Mutter sicherlich freuen. Eine Kuh ist einträglicher, unterhaltsamer und lehrreicher als das Fernsehen.«

»Man sagt nicht ›Kuh‹«, verbesserte Margherita, »sondern ›Milchvieh‹!«

»Unsinn!« erwiderte ich. »Das ist dasselbe!«

»Nein, Giovannino«, erklärte Margherita. »Zwischen ›Milchvieh‹ und ›Kuh‹ besteht derselbe grundlegende Unterschied wie zwischen ›Konjunktur‹ und ›Krise‹.«

Margherita hat immer recht.

Die Geheimnisse der Bürokratie

Giò, die in meinen Zeitungen blätterte, begann zu lachen.

»Hören Sie einmal«, sagte die tüchtige junge Stütze der Familie, »was in Colorno passiert ist. Da geht eine fünfundsechzigjährige Frau zum Arzt N. N., um sich Medizinen verschreiben zu lassen. Wie sie den Krankenschein vorweist, meint jener: ›Nichts zu machen. Ich habe soeben von Ihrer Krankenversicherung die Mitteilung erhalten, daß Sie am 25. November vorigen Jahres verstorben sind. Sie haben keinerlei Ansprüche mehr.‹ Daraufhin läuft die arme Frau zur Krankenkasse, um zu beteuern, daß sie voriges Jahr nicht gestorben, sondern am Leben ist. ›Sicherlich‹, antwortet der Beamte, ›handelt es sich um einen Irrtum. Doktor N. N. ist am 25. November vorigen Jahres gestorben.‹ ›Aber ich habe doch eben noch mit ihm gesprochen!‹ hält ihm die Frau entgegen. ›Tut mir leid‹, antwortet der Beamte, ›aber hier handelt es sich um eine amtliche Mitteilung.‹ Ist das nicht eine schöne Geschichte?«

»Das ist eine alte Geschichte«, antwortete Margherita. »Als ich noch ein junges Mädchen war, erzählte man sie so: Der Leiter eines Spitals besucht eine Abteilung, in der Maurer liegen, die bei einem Einsturz verschüttet worden sind. Der diensthabende Arzt und ein Krankenwärter begleiten ihn. An den Betten vorübergehend, erklärt der Arzt: ›Dieser ist um zwei Uhr fünfzehn gestorben... Dieser hier um drei Uhr elf... Dieser um vier Uhr dreißig...‹ ›Aber ich lebe noch!‹ protestiert der um vier Uhr dreißig Verstorbene. ›Schweig!‹ fällt ihm der Wärter ins Wort. ›Willst du klüger sein als der Arzt?‹«

Giò schüttelte den Kopf:

»Natürlich: alte Witze, die von den Journalisten ausgegraben werden, wenn sie nicht mehr wissen, wie sie die Zeitungen vollschreiben sollen. Der Beruf des Journalisten ist nicht schwer. Ihr braucht euch nicht einmal anzustrengen, um eure Geschichten zu erfinden. Ihr braucht nur ein gutes Gedächtnis. Und die Leute schlucken alles.«

»Giò«, widersprach ich, »das sind keine Witze, wenn es auch so scheint. Erinnerst du dich an die arme Frau aus Avenza, der die Pension verweigert wurde, weil sie angeblich seit einem Monat tot war? Oder an das Mädchen, das im Meldeamt irrtümlich als Knabe geführt wurde und sich zur Musterung stellen mußte? Oder an die tragische Geschichte von dem armen jungen Mann, der kein Dokument bekommen konnte, weil er nirgends als geboren aufschien? Giò: Das ist die ewige Geschichte von der Bürokratie. Für den Bürokraten zählt nur, was in den Akten steht. Wenn aus deinen Dokumenten hervorgeht, daß du tot bist, dann ist es umsonst, zu sagen: ›Ich stehe hier lebendig vor Ihnen!‹ Der Betreffende antwortet dir, indem er dir sein Register zeigt: ›Hier steht es schwarz auf weiß! Ich kann nur noch für Ihre Seele beten.‹ So mußt du, wenn du etwa Arbeit im Ausland gefunden hast und Dokumente für den Paß brauchst, hier bleiben und verhungern. Wenn du dann tot bist und deine Mutter zum Gemeindeamt geht, um dein Begräbnis zu regeln, sagt der Bürokrat kopfschüttelnd: ›Lauter Dickschädel, diese jungen Leute. Ich habe es Ihrer Tochter schon dreißigmal erklärt, daß sie tot ist!‹«

Giò sagte achselzuckend:

»Sie können nicht Maß halten. Mit dem Tod scherzt man nicht. Der Tod ist eine ernste Angelegenheit.«

»Ich scherze nicht über den Tod, sondern über die Bürokratie, die nichts Ernstes ist.«

»Sie sind von der Politik verdorben. Sie gehören zu jenen, die bei einem Zugunglück befriedigt sterben würden, weil sie triumphieren können: ›Seht ihr, wie die öffentlichen Dienstleistungen unter dieser Regierung auf den Hund kommen?‹«

»Giò«, wehrte ich mich, »ich bin kein Aufrührer.«

»So, Sie sind kein Aufrührer«, meinte sie sarkastisch lächelnd.

»Ich habe ein gutes Gedächtnis: In einer Zeitung haben Sie einmal geschrieben, daß Sie sich nicht rühren würden, gingen Sie auf den Geleisen und machte Sie irgendein Angehöriger einer gewissen Partei darauf aufmerksam, daß der Zug kommt: Denn das Schlimmste, das Ihnen dabei passieren könne, sei, vom Zug zermalmt zu werden; während Ihnen Gott weiß was zustoßen könnte, würden Sie auf den Rat des Betreffenden hören.«

»Giò«, entgegnete ich, »in diesem Fall hat das nichts mit Politik zu tun. Wenn ich von der Bürokratie spreche, dann spreche ich von einer Geißel, die allen Ländern der Erde gemeinsam ist. Und auf dem Gebiet der Bürokratie braucht man keine Geschichten zu erfinden. Keine noch so rege Phantasie könnte mit den wirklichen Auswüchsen der Bürokratie wetteifern.«

Giò wandte sich an Margherita:

»Signora, kann er denn niemals ernst sein?«

»Nur in den seltenen Fällen, wenn er zum Scherzen aufgelegt ist«, antwortete Margherita.

Kurze Zeit darauf besuchte Giò ihre kleine Tochter. Mit dräuender Miene kehrte sie zurück.

»Etwas nicht in Ordnung?« erkundigte sich Margherita.

»Meine Mutter.«

»Krank?«

»Nein, bei bester Gesundheit, aber seit sieben Monaten tot.«

Giò erzählte ohne Umschweife eine merkwürdige Geschichte, die letztlich nichts Dramatisches an sich hatte: Giòs Mutter war vor einen Gemeindebeamten zitiert worden, und zwischen beiden entwickelte sich folgendes Gespräch:
»Antonietta Tasca, verwitwete Cicon?«
»Ja.«
»Ihr seid als dringender Fall in das Spital von P. eingeliefert worden, wo Ihr nach zweimonatigem Aufenthalt verstorben seid. Das Gemeindeamt in P. hat die Krankenhausrechnung hierher an Eure Heimatgemeinde weitergeleitet. Ihr steht nicht im Armenverzeichnis, da Ihr Haus und Wirtschaft habt, also müßt Ihr selbst bezahlen.«
»Ich? Ich habe das Spital von P. nie betreten und bin nie gestorben.«
»Aus diesen Dokumenten geht hervor, daß die durch ihren Personalausweis einwandfrei identifizierte Antonietta Tasca, verwitwete Cicon, die Unterbringung und ärztliche Behandlung des Spitals in P. in Anspruch genommen hat und nach zwei Monaten verstorben ist. Die dem Akt beigelegte Identitätskarte enthält Eure Photographie und die mit dem seinerzeit von uns ausgestellten Ausweis übereinstimmende Zahl. Wie erklärt Ihr das?«
»Vor einem Jahr wurde mir in der Stadt die Handtasche gestohlen. Ich habe bei der Polizei Anzeige erstattet und erklärt, daß die Tasche viertausend-

fünfhundertsiebzig Lire, ein Taschentuch, die Hausschlüssel und meinen Identitätsausweis enthalten hat. Wahrscheinlich hat die Person, die mich bestohlen hat, mir ähnlich gesehen und meinen Ausweis benützt.«

»Das klingt nach Kriminalfilm. Aber auch wenn es sich so verhalten sollte, enthebt Euch nichts Euren Verpflichtungen. Wenn Euch das Auto gestohlen wird und der Dieb einen Unfall verursacht, so haftet Ihr dafür. Diese Frau ist als Antonietta Tasca, verwitwete Cicon, gestorben, weil Ihr zugelassen habt, daß man Euren Identitätsausweis stiehlt.«

»Nichts habe ich zugelassen! Wie kann man behaupten, eine arme Frau lasse zu, daß man ihre Handtasche stiehlt?«

»Das sagen wir ja gar nicht. Wir sagen nur, daß Ihr den Dieb am Diebstahl Eurer Handtasche mit dem Dokument nicht gehindert habt. Wenn jemand den anderen an der Tat nicht hindert, so bedeutet es, daß er sie zuläßt. Die Gesellschaft gibt Euch einen Namen, und Eure Pflicht ist es, ihn zu hüten. Hättet Ihr ihn ordentlich gehütet, so hätte man ihn nicht mißbraucht. Also zahlt Ihr!«

»Hier liegen doch zwei Fälle vor: Wenn ich lebe, kann ich nicht im Spital von P. gestorben sein und muß keinerlei Krankenhausaufenthalt bezahlen. Wenn ich aber gestorben bin, kann niemand mich dazu zwingen zu zahlen!«

»Es ist amtlich belegt, daß Ihr in P. gestorben seid.

Da Ihr aber hier als Eigentümerin der Güter der verstorbenen Antonietta Tasca, verwitwete Cicon, erscheint, zahlt Ihr in Eurer Eigenschaft als Erbin.«

»Nein! Wenn ich als meine eigene Erbin zahle, muß ich am Ende auch noch Erbschaftssteuer zahlen!«

»Dann zahlt Ihr als Verstorbene. Wie hoch Eure Schuld ist, geht aus dem Vordruck der Gemeindeabgaben hervor. In Anbetracht unserer Achtung vor den Verstorbenen gewähren wir Euch die Zahlung in Raten.«

Am Ende ihrer Darstellung rief Giò entrüstet:

»Was sagen Sie dazu?«

»Giò«, antwortete ich lächelnd, »das sind die üblichen Geschichtchen, die wir Journalisten ausgraben und auffrischen, wenn uns nichts mehr einfällt. Das sind alte Witze.«

»Verstehen Sie denn nicht, daß meine Mutter zahlen muß, weil sie im Spital von P. als verstorben und im Dorf als lebend gilt?«

»Das ist der alte, immer gleiche Schluß der Geschichten vom Amtsschimmel, die man immer wieder in den Zeitungen liest.«

Das Mädchen wurde wütend.

»Das ist eine wahre Geschichte! Die stand nicht in der Zeitung!«

»Sie wird noch in die Zeitung kommen, Giò«, beruhigte Margherita sie, »und bei der Lektüre dieser

Geschichte werden wir alle zusammen herzlich lachen.«

Ehe sie sich in ihr Zimmer verkroch, ließ Giò noch ein Tigergebrüll (den Tigerrag) hören.

Wie die Butterfly

Die Situation wurde mit jedem Tag dramatischer, bis plötzlich das Fernsehen als auslösendes Moment wirkte. Was mir als weiterer Beweis für die erschreckende Macht des Fernsehens dient.

Man muß erklären, daß sich Giò, die tüchtige Versorgerin meines bankrotten häuslichen Unternehmens, nach all den bitteren Enttäuschungen, die ihr durch die Prämiierung der »Schallplatte für den Sommer« und durch die Beatles zugefügt worden waren, dem mondänen Leben ergeben hatte und jede freie Minute am Strand verbrachte. »Ich glaube, daß sie im Badekostüm außerordentlichen Eindruck macht«, vertraute mir Margherita an. »Das Mädchen erzählt mir alles: Drei Anbeter hat sie schon liquidiert, aber ich glaube, beim vierten ist sie hängengeblieben. Er will sie, wie sie ist, heiraten und nach Hause nehmen.«

»Margherita«, sagte ich, »für uns ist die Sache recht unangenehm. Wenn man aber bedenkt, daß Giò eine ledige Mutter ist – wenngleich man das, in

Anbetracht des zarten Alters ihrer Tochter, fast nicht merkt –, so halte ich es für angebracht, ihr zuzureden. Natürlich unter der Voraussetzung, daß es sich um etwas Ernstes handelt.«

Giò, daraufhin befragt, bestätigte, daß es mehr als ernst war: »Er ist jung, sieht gut aus, gefällt mir und hat einen kleinen eigenen Betrieb. Leider ist er Ausländer.«

»Das ist ohne Bedeutung, Giò: Das Sprachhindernis läßt sich leicht überwinden.«

»Dieses Hindernis liegt gar nicht vor, weil er sich sehr gut verständigen kann. Deshalb bleibt er aber doch ein Ausländer.«

»Mein liebes Kind«, sagte ich tröstend, »wenn der junge Mann dir gefällt, so zählt die Nationalität nicht. In der Liebe gibt es keine Rassenschranken. Denk lieber an deine Tochter.«

»Ich habe daran gedacht und bin mir nicht im klaren, ob ich ihr einen Vater auferlegen darf, nur weil er mir gefällt.«

Hier schaltete sich Margherita ein: »Das tun doch alle Mütter. Bevor sie heiraten, pflegen sie nicht die Meinung der Kinder einzuholen, die aus dieser Verbindung hervorgehen werden.«

»Mein Fall liegt anders«, erwiderte Giò. »Meine Kleine ist bald zwei Jahre alt, und ihr natürlicher Vater wäre ein anderer.«

Giò schwankte, doch konnte man sehen, daß ihr Widerstand mit jedem Tag schwächer wurde. Aber als wir uns schon damit abgefunden hatten, Giò endgültig zu verlieren, schaltete sich das Fernsehen mit einer Befragung von Ausländerinnen ein, die einen Italiener geheiratet hatten. Im allgemeinen waren die Ausländerinnen mit ihren italienischen Ehemännern unzufrieden und gestanden, sie bestenfalls gerade noch zu ertragen. Giò verfolgte die Sendung aufmerksam und sagte zum Schluß: »Immer müssen in diesen Ehen die Frauen eine Menge von Dingen berücksichtigen und, ob sie wollen oder nicht, die Gewohnheiten und die Umwelt des Mannes annehmen. Ein schlechtes Geschäft: Morgen entledige ich mich meines Ausländers.«

»Das hat doch gar nichts mit dir zu tun«, wandte Margherita ein. »Hier handelt es sich um Ausländerinnen, die italienische Männer geheiratet haben.«

»Das hat sehr wohl mit mir zu tun«, entgegnete Giò. »Es handelt sich um Frauen, die Angehörige einer anderen Rasse heiraten, folglich entsteht zwischen jeder dieser Frauen und ihrem Mann ein Konflikt wegen ihrer Mentalität und ihrer Gewohnheiten.«

»Das hängt davon ab«, führte Margherita näher aus. »Dieser Konflikt kann sich ergeben, wenn du einen Japaner, Kongolesen, Chinesen, Inder oder Türken heiratest. Aber angenommen, er ist ein Franzose, Schweizer, Belgier, Österreicher, Portugiese, Holländer oder ähnliches, so ist der Mentalitäts- und Gewohnheitsunterschied doch ganz gering.«

»Das weiß ich auch«, entgegnete Giò. »Die Sache ist die, daß mein Anwärter aus Apulien ist.«

Nun wurde Margherita böse: »Wenn er Italiener ist, so besteht doch keinerlei Hindernis!«

»Ein doppeltes, Signora«, erklärte das Mädchen. »Weil er nicht nur Fremder, sondern dazu noch Italiener ist. Haben Sie gesehen, wie schlecht die italienischen Ehemänner abgeschnitten haben? Jetzt bin ich mir im klaren: Entweder heirate ich einen Mann aus meiner Heimat oder, wenn es schon ein Ausländer sein muß, einen Franzosen, Belgier, Finnen, Ungarn, Peruaner oder dergleichen. Jedenfalls heirate ich im Augenblick überhaupt nicht, weil ich, abgesehen von allem anderen, lieber in einem fremden Haus frei als im eigenen Haus Sklavin sein will.«

Der letzte Teil der Rede war allein ausschlaggebend, und so beschlossen wir, nur diesen zu berücksichtigen. Zumal er uns außerordentlich zusagte.

Nachdem sich Giò für den Abend zurechtgeschmückt hatte, ging sie zu einer Tanzveranstaltung im Freien. Als wir allein waren, sagte mir Margherita: »Giovannino, ich bin überzeugt, daß deine Ehrlichkeit dich zu einer Änderung deiner ablehnenden Haltung gegenüber dem Fernsehen bringen wird. Wir haben es doch dem Fernsehen zu verdanken, daß Giò uns nicht verläßt.«

»Nein, Margherita«, antwortete ich offen. »Das beweist nur, daß ich recht habe und daß das Fernsehen auf unvorsichtigere Menschen einen furchtbaren Einfluß ausübt. Ich fürchte, daß ich auf meinem Weg bleiben werde.«

Da schüttelte Margherita traurig den Kopf und sagte: »Giovannino, ich habe Angst um dich. Du gehst einen Weg, der dich ruinieren kann.«

Margheritas Worte ängstigten mich. Margherita hat neben mir tatsächlich kein leichtes Leben gehabt. Schritt für Schritt und ohne einen Augenblick der Unsicherheit oder Entmutigung hat sie mich während des langen, mühsamen Kampfes um einen Platz an der Sonne Mailands begleitet. Im Februar 1942 hatte ich in dem Stadtviertel, in dem ich wohnte, meine Ansicht über die damalige Lage laut geäußert. Am nächsten Abend wurde ich daheim verhaftet, aber Margherita riet mir nur, die Ruhe nicht zu verlieren. Sie belästigte halb Mailand, und nachdem sie endlich die richtige Person gefunden hatte, holte sie mich aus der Sicherheitszelle und brachte mich nach Hause. Bald darauf wurde ich zum Militär einberufen, und Margherita begleitete mich lächelnd zum Zug. »Auf baldiges Wiedersehen«, sagte sie. Übel zugerichtet kehrte ich wenige Monate später heim, und Margherita, die wegen der Evakuierung, der Rationierung und der unterwegs befindlichen Pasionaria schwer zu kämpfen hatte, mußte mich pflegen. Sie begleitete mich zum Bahnhof, als ich wiederhergestellt war und zum Regiment zurückkehrte. Sie sagte bloß, ich solle mir keine Sorgen machen, denn zu Albertinos Versorgung und zur

Beendigung der Herstellung der Pasionaria genüge sie allein.

Eine Woche darauf, am 9. September 1943, fuhr ich im Viehwaggon in ein Lager nach Polen. Genau zwei Jahre später, im September 1945, kam ich leicht wie eine Gazelle und mit einem wunderschönen Schnurrbart nach Hause: Ich wog sechsundvierzig Kilo, aber Margherita, die noch magerer war als ich, freute sich nur über mein hübsches Äußeres. Dann kam die Schlacht um die Wiedereroberung der Wohnung, Mailands und einer Arbeit. Von 1945 bis 1948 herrschte dicke Luft, und ich stürzte mich kopfüber in das politische Getümmel. Das war weder eine lustige noch eine beruhigende Sache: Margherita, deren volles Recht es war und bis heute ist, las die zornglühenden und drohenden Briefe, die ich zu Hunderten erhielt; aber kein einziges Mal zeigte sie sich erregt.

Dann stolperte ich in einen Ehrenbeleidigungsprozeß und wurde verurteilt. Ohne Tränen oder Seufzer half mir Margherita meinen kleinen Tornister packen, den ich als Kriegsgefangener gehabt hatte, und begleitete mich ins Gefängnis. Dort blieb ich dreizehn Monate; alle vierzehn Tage besuchte mich Margherita mit den Kindern, ohne jemals Entmutigung oder Sorge zu zeigen. Dann kehrte ich nach Hause zurück und erlebte weitere große und kleine Übel, die Margherita stets ruhig und heiter erduldete und die wir, wie gewohnt, wie eine Seilschaft ertrugen. Daher war ich sehr betroffen, als mir Margherita vor einigen Tagen sehr bewegt sagte, daß ich einen schlechten Weg verfolge und sie Angst um mich habe. Margherita übt nur einen einzigen Sport aus: Sie liest alle an mich gerichteten Briefe. Das ist, wie gesagt, nichts Neues und hat mich auch nie gestört, weil es sich nicht um dumme Neugierde oder Eifersucht, sondern vornehmlich um eine Frage des Sports handelt. Daher weiß sie genau, was mir die Fans schreiben, wenn ich es wage, eines ihrer vom Fernsehen geschaffenen Idole anzugreifen.

»Giovannino, du lebst in einer anderen Welt: Weißt du noch nicht, daß heutzutage in Italien der Schlager das Wichtigste ist? Hast du die grausame Liebe nicht bemerkt, die Millionen Menschen mit ihren Stars verbindet? Wird dir angesichts dieser haß- und verachtungstriefenden Protestbriefe, die du erhältst, nicht bang? Was gehen dich eigentlich diese Schlagersängerinnen an? Warum läßt du sie nicht in Ruhe?«

»Ich habe ja nichts gegen die männlichen oder weiblichen Schlagerstars, Margherita. Ich habe nur etwas gegen die Starvergötterung, nicht gegen das ›Startum‹ der Stars. Sie üben ihren Beruf aus, im allgemeinen sogar gut. Ich habe aber etwas gegen die neue, vom Fernsehen geschaffene Religion; gegen das ›Startum‹ als Anbetung der Stars.«

»Ich verstehe schon, Giovannino; aber aus dem,

was du schreibst, kann dieser Gedanke nicht klar hervorgehen.«

Margherita hat immer recht: Vor mir liegt der ausführliche Brief einer Sechzehnjährigen aus Monza, der folgendermaßen beginnt: »Ich bin ›Milvaanhängerin‹«... und weiter lautet: »Sie strafen sich unwillentlich selber Lügen, wenn Sie schreiben ›Ich habe nichts gegen Milva... sondern gegen den Milvismus...‹. Wollen Sie mir bitte erklären, was Sie unter Milvismus verstehen?... Versetzen Sie sich kurz in das Jahr 30 nach Christus zurück und stellen Sie sich die Begegnung mit jemandem vor, der Ihnen sagt: ›Ich habe nichts gegen Jesus Christus, sondern gegen das Christentum.‹«

Hierin liegt der Kern der ganzen Sache: Der vergöttlichte Schlagerstar. Die zur Religion erhobene Art des Sängers zu brüllen, zu schreien, zu schwänzeln. Diese sechzehnjährigen Mädchen, die beim Anhören eines Schlagersängers heulen, schluchzen und sich am Boden wälzen, erinnern doch an primitive Götzenverehrer, die beim Klang des barbarischen Tamtams wie rasend um ihre Holzgötzen herumstampfen, bis sie sich schließlich in höchster Erregung den Bauch aufschlitzen oder frenetisch auf glühenden Kohlen tanzen.

»Margherita, wer anders als das Fernsehen mit seiner ungemessenen Macht hat diese Götter, diese ›Religion‹ und diese fanatische Anhängerschaft ins Leben gerufen?«

»Auch die Fernsehgötter haben einmal ein Ende!«

»Ja, Margherita; das Startum aber, die Verehrung der Stars, bleibt. Und wenn die Jahre auch vergehen, so wird es doch immer Sechzehnjährige geben. Denn zu allem anderen hat das Fernsehen auch noch den Begriff der ›Sechzehnjährigen‹ geschaffen. Zu unserer Zeit waren das hübsche, angenehme Mädchen an der Schwelle zur Reife. Es gab keine Sechzehnjährigen-Probleme, keine eigenen Sechzehnjährigen-Instanzen. Das Fernsehen hat sie an die Oberfläche geschwemmt, und nun erheben sich diese Sechzehnjährigen (worunter ich die Mädchen zwischen vierzehn und einundzwanzig Jahren verstehe) mit ihren ›Hauptproblemen‹ zu Richterinnen über Eltern und Menschheit; die Bezeichnung ›Landplage‹ haben sie sich zu Recht verdient.«

Margherita schüttelte den Kopf. »Giovannino, du gehörst schon der Vergangenheit an, die Sechzehnjährigen aber sind die Zukunft: So wenig sie sich in deine Vergangenheit einmischen können oder wollen, so wenig solltest du dich in ihre Zukunft einmengen.«

»Margherita, das ist eine Gefühlssache: Nach so langer, mühevoller Pflege unseres Gemüsegärtchens, nach all dem Umhacken und Ausjäten, ist es traurig, es in der Gewalt einer Rotte von Wirrköpfen zu wissen.«

Margherita schüttelte den Kopf: »Laß sie doch machen. Wem nützt das Gemüsegärtchen, wenn die

Kinder doch nicht mehr unter den Kohlköpfen zur Welt kommen?«

Da trat Giò ins Zimmer und teilte uns unverzüglich mit, daß sie ihren ausländischen Verehrer liquidiert habe. Diese Nachricht tröstete uns.

Eine Liebesheirat

Zufällig fingen Giò und Margherita einen interessanten Dokumentarbericht auf, den das Fernsehen der italienischen Schweiz über die unverheirateten Mütter in Schweden wiedergab. Giò war davon tief beeindruckt; kaum wurde sie meiner habhaft, teilte sie mir schon ihre Begeisterung mit.

»Zunächst einmal«, sagte sie, »nennt man sie in Schweden nicht ›Mädchen mit Kind‹, sondern ›unverheiratete Mutter‹. Außerdem hat sie, obgleich nicht verheiratet, nach dem Gesetz das Recht, mit ›Frau‹ angesprochen zu werden. Ferner müssen die Kindesväter der unverheirateten Mutter monatlich soundsoviel für den Unterhalt zahlen, auch dann, wenn die Kindesväter verheiratet sind.«

»Die Väter?« sagte ich verwundert. »Ich habe immer gehört, ein Kind könne nur einen Vater haben.«

»Schöne Logik!« grinste das Mädchen. »Und wenn das Mädchen zum fraglichen Zeitpunkt mit zwei oder mehr Männern verkehrt hat? Wie soll man dann feststellen, ob das Kind vom ersten, zweiten oder dritten ist? Das Gesetz sieht dies vor.«

»Ach so«, sagte ich, »jeder der eventuellen Väter zahlt pro Kopf einen bestimmten Betrag.«

»Nein!« rief das Mädchen. »Wenn ein Kind aus technischen Gründen nur einen Vater haben kann, dann müssen die beiden anderen, die damit nichts zu tun haben, doch nicht zahlen! Wenn das Mädchen von den Behörden nach dem Vater des Kindes befragt wird, bestimmt es einen von den dreien. Und dieser zahlt. Wenn das Kind das entsprechende Alter erreicht hat, wird es Blutproben und dergleichen unterzogen. Sollte sich dabei ergeben, daß die Blutgruppe usw. des Kindes mit der des angeblichen Vaters nicht übereinstimmt, dann wird dem Betreffenden das ausgelegte Geld zurückerstattet, und das Mädchen gibt nun den Namen des zweiten Mannes an. Erweist er sich bei den Untersuchungen als Kindesvater, so zahlt er auch die Rückstände. Andernfalls geht man auf den dritten über. Sind vier oder fünf mögliche Väter vorhanden, dann geht man so lange vor, bis man den richtigen findet. Außerdem wird der unverheirateten Mutter vom Staat eine Unterstützung gewährt, ein Arbeitsplatz beschafft und sogleich eine Wohnung zugeteilt, während Verheiratete bis zu sieben Jahren auf eine Wohnung warten müssen. Ist das etwa keine Kultur?«

»Sicherlich«, antwortete Margherita ohne übermäßige Überzeugung.

»Da haben wir die typische Mentalität der verheirateten Mutter!« rief das Mädchen, dem der ironische Unterton in Margheritas Stimme nicht entgangen war. »Ist es in der menschlichen Gesellschaft etwa nicht Aufgabe der Frau, Kinder zur Welt zu bringen und aufzuziehen? Was bedeutet es dann schon, ob das Kind vom Ehemann oder von einem anderen ist? Ist es Ihrer Meinung nach gerecht, daß ich, nachdem ich meine Pflicht gegenüber der Gesellschaft erfüllt habe, nur den Schaden trage, weil ich eine unverheiratete Mutter bin, während jener Gauner von einem unverheirateten Vater keinen Pfennig bezahlt? Ist es gerecht, daß man mir sogar die moralische Genugtuung vorenthält, ›Frau‹ zu heißen? Oder bin ich als Unverheiratete vielleicht weniger Mutter als eine Verheiratete?«

»Nein, bestimmt nicht«, gab ich ohne weiteres zu. »Vielleicht bist du es sogar noch mehr, weil du deine Tochter aus eigener Kraft und Arbeit erhältst. Giò, von heute an werden wir dich ›Frau‹ nennen.«

»Nicht Ihretwegen habe ich das gesagt«, erwiderte sie. »Wenn Sie wüßten, was ich empfinde, wenn mir im Dorf die bekannten verheirateten Frauen begegnen und alle mich grüßen: ›Wieder daheim, Signorina? Wie geht es Ihrer Kleinen, Signorina?‹ Wenn Sie wüßten, wie gerne ich mit einem Doppelzentner Ehemann und einem Kilo Eheringen am Finger ins Dorf zurückkommen möchte!«

Wenige Tage nach diesem wichtigen Gedankenaustausch kam Giò sehr erregt in das Speisezimmer.

»Er ist da!« keuchte sie.

»Wer, er?«

»Er: der unverheiratete Kindesvater! Er sagt, daß er mich sprechen will. Was soll ich tun?«

»Führe ihn herein und lasse ihn reden«, antwortete Margherita und stand auf. »Empfange ihn ruhig hier, wir gehen schon.«

»Ich werde ihn hier empfangen, aber Sie bleiben! Ich habe Angst!... Ja: ich habe Angst, ihm damit den Schädel einzuhauen.«

In der rechten Hand hielt sie krampfhaft einen schweren Fleischklopfer, mit der offenkundigen Absicht, ihn zu benützen. Sie war ein armes, einsames Mädchen, das sich seiner Schwäche bewußt war. Ich sagte ihr, sie solle den Kerl eintreten lassen.

Es handelte sich um einen etwa dreiundzwanzigjährigen Baumstamm, der recht anständig gekleidet und völlig ungeniert war. Er hatte keinerlei Hemmung, in unserer Gegenwart zu sprechen.

»Giò«, sagte er, »ich bin gekommen, um unserer Tochter einen Namen zu geben.«

»Meiner paßt ihr ausgezeichnet«, erwiderte Giò.

»Der Name des Mannes ihrer Mutter würde ihr noch besser passen.«

»Du wolltest mich schon einmal heiraten«, antwortete Giò hart. »Und ich habe dir gesagt, daß ich nicht der Typ bin, einen Untauglichen zu nehmen.«

»Laß das, Giò«, schaltete ich mich ein. »Selbst wenn ein junger Mann beim Militär für untauglich erklärt wird, kann er trotzdem im Ehedienst sehr wohl taugen.«

»Richtig«, stimmte der Jüngling zu. »Außerdem wurde ich nie für ›untauglich‹, sondern für ›zurückgestellt‹ erklärt. Bei der Musterung hat man mich dreimal zurückgestellt. Man muß nur immer den richtigen Menschen ausfindig machen, der ein Kuvertchen nicht ablehnt. Diesen richtigen Typ habe ich gefunden. Das Schlimme ist nur, daß auch andere ihn gefunden haben, so daß jetzt die Sache aufgeflogen ist und der Betreffende entfernt wurde. Jetzt sind sie bei der Musterung sehr pedantisch, und da ich das Pech habe, vor Gesundheit zu strotzen, werde ich dieses Mal sicherlich für ›tauglich‹ erklärt.«

»Gut«, sagte Giò zustimmend. »Geh erst einmal zum Militär. Wenn ich dich dann in der Gebirgsjäger- oder Scharfschützenuniform sehe, kann es sein, daß ich meine Meinung ändere und dich heirate.«

Der junge Mann schüttelte den Kopf.

»Giò, warum soll ich fünfzehn Monate meines Lebens verlieren? Jetzt gibt es ein günstiges Gesetz, das Jungverheiratete mit mindestens einem Kind vom Militärdienst befreit. Die Tochter haben wir schon, jetzt brauchen wir nur noch zu heiraten, und ich kann friedlich zu Hause bleiben.«

Ich beobachtete Giòs Fingerknöchel: sie waren

weiß geworden, so sehr preßte sie den Fleischklopfer. Ich hielt mich bereit, ihr in den Arm zu fallen. Aber Giò lockerte den Griff und legte den Klopfer auf einen Stuhl.

»Ach!« rief sie aus. »Eine Liebesheirat!«

Der junge Mann zuckte mit den Achseln.

»Im Leben muß man praktisch sein«, erklärte er. »Du bist jung und recht hübsch, du bist die Mutter meiner Tochter und eine gute Arbeitskraft: Weshalb sollte ich dich nicht heiraten und damit zwei Fliegen auf einen Schlag treffen?«

»Ich verstehe schon«, sagte Giò. »Aber keine der beiden Fliegen muß das Militär sein. Mach sie jetzt, deine fünfzehn Kommißmonate, dann sprechen wir weiter.«

»Das ist doch Unsinn, was du da sagst!« widersprach er entrüstet. »Es gibt Burschen, die sich sogar mit dem Beil eine Hand abhacken oder einen Fuß von der Tramway zermalmen lassen, um dem Militärdienst zu entkommen: Ich gehe noch weiter und nehme die Ehe auf mich. Ist das etwa kein großes Opfer?«

»Meines wäre noch viel größer, würde ich dich heiraten«, entgegnete Giò. »Ich bin nicht so patriotisch, um den Preis meiner Freiheit der italienischen Armee den Schaden eines schlechten Soldaten zu ersparen.«

»Giò«, sagte der junge Mensch beharrlich, »wir leben doch im Jahr 1966 und können eine Vereinbarung treffen: Jeder geht weiterhin seiner Wege, ohne sich in das Leben des anderen einzumischen. Sollte es um Geld gehen, so bin ich bereit, dir monatlich...«

Giò umklammerte neuerlich den Fleischklopfer.

»Wenn ich keine Tochter hätte«, sagte sie hart, »würde ich deinen Kopf zu einem Kotelett zerschlagen. Es ist besser, wenn ich wieder in die Küche gehe.«

Das war nun wirklich besser, daher ließ ich sie gehen.

Nachdem Giò den Raum verlassen hatte, breitete der junge Mann die Arme aus.

»Das Mädchen hat überhaupt keinen Verstand«, beklagte er sich. »Und ihre Mutter ist noch ärger. Ob Sie es glauben oder nicht, als ich gestern mit ihr sprechen wollte, sagte sie mir, sie wolle ihre Tochter nicht mehr grüßen, wenn sie mich heiraten würde.«

»Ich glaube es«, erwiderte ich. »Jedenfalls sollte man die Angelegenheit weniger dramatisieren. Der Militärdienst ist schließlich nicht die Hölle. Viele junge Leute finden ihn sogar recht lustig.«

»Wie soll ich denn gerade jetzt fünfzehn Monate von zu Hause fortbleiben, da ich endlich die richtige Frau gefunden habe? Ich spreche natürlich nicht von Giò.«

»Dann heiraten Sie doch die andere!« rief Margherita.

»Die ist doch schon verheiratet, zum Teufel! Ich

weiß schon nicht mehr, wo mir der Kopf steht. Signora, wüßten Sie mir einen Rat?«

»In Anbetracht der besonderen Lage könnten Sie ein anderes Mädchen mit Kind nehmen. Wir haben hier im Dorf so eines, das Sie sofort heiraten würde, um dem Sohn einen Vater zu geben. Sie ist noch keine fünfzig und hat einen prachtvollen, zweiundzwanzigjährigen Buben.«

Der junge Mann überlegte, schüttelte aber dann den Kopf.

»Das geht nicht: Als einziger Sohn einer alleinstehenden Mutter kann der Bursche vom Militärdienst befreit werden. Wenn er nun einen Vater bekäme, müßte er den Dienst ableisten, folglich würde er die Heirat seiner Mutter niemals zulassen. Es gibt keinen Ausweg!«

»Dann kommt nur noch die Kriegsdienstverweigerung aus Gewissensgründen in Frage«, schloß ich.

»Das kann er nicht«, sagte Giò drohend auf der Schwelle zum Speisezimmer. »Er hat kein Gewissen.«

Dabei umklammerte sie den verflixten Fleischklopfer, bis der junge Mann in Begleitung seines Kummers entschwand.

Damen und Kavaliere

In meiner Jugend tanzte man in der Po-Ebene nur zu den Kirchweihfesten. Dann kam das »Festival« auf, ein fahrbarer Tanzboden: auf einer kleinen Wiese wurde der Bretterboden aus zusammensetzbaren Platten aufgestellt; rings um den Boden erhob sich ein gleichfalls aus Brettern bestehendes Getäfel. An der Vorderseite war eine große, in lebhaften Farben gehaltene Wand mit zwei Eingangstüren, zwischen denen sich die beiden Schalter für den Kartenverkauf befanden. Über einer der Türen stand »Männer«, über der anderen »Frauen« geschrieben, und dieselbe Aufschrift war auch über den beiden Schaltern zu lesen, denn der Eintrittspreis für Männer war höher als der für Frauen. Letztere konnten in zwei Kategorien fallen: in »Frauen« und in »Alte«. Die »Alten« begleiteten die Mädchen zum Tanz und zahlten keinen Eintritt. Für sie standen im Innern des »Festivals« längs der Seitenlatten Bänke bereit. Im Hintergrund des »Festivals« erhob sich das Podium für die Musiker, ein Orchester mit Blasinstrumenten und einem Kontrabaß. Im Mittelpunkt des »Festivals« ragten die Stangen in die Höhe, an denen das weißliche Zeltdach wie ein großes Segel emporgezogen werden konnte. Man fühlte sich wie auf dem Deck eines Schnellseglers, und das Ganze hatte einen eigenartigen Reiz, schon darum, weil vor dem Beginn des abendlichen Tanzes die »Einladungs«zeremonie stattfand: Die Musikkapelle stellte sich vor dem Wirtshaus auf dem Dorfplatz auf und gab als obligatorische Nummer einen infernalischen Walzer mit dem Titel »*Die Nachtigall*« zum besten. Das Orchester war vollzählig bis auf den Klarinettisten, der – sofern es der Pfarrer erlaubte – auf den Kirchturm, sonst an das Fenster des höchstgelegenen Hauses des Platzes abkommandiert war. An einer bestimmten Stelle der Orchesterdarbietung setzte dann der Klarinettist von der Höhe aus mit einem gewaltigen, mit Milliarden Vierundsechzigstelnoten gespickten »Solo« ein: ein Wasserfall von Trillern, vor dem eine Nachtigall vor Neid erblassen mußte. Damals schlummerten derlei Dinge wie Mikrophone und Tonverstärker, wodurch Leute ohne Stimme oder mit ständiger Heiserkeit berühmte Sänger werden, noch im Schoß der Vorsehung. Damals mußte man zum Singen noch singen können und, um einen bestimmten »Effekt« zu erzielen, den Klarinettisten auf den Kirchturm schicken.

Das eine oder andere dieser »Festivals« fährt noch heute durch die ländlichen Gegenden, aber jetzt heißt es »Dancing«, hat weder Mittelsäulen noch Zeltdach mehr, sondern eine durch Metallarkaden gestützte Kunststoffdecke. Im Innern gibt es kleine Tische, Sessel und eine Bar. Keine Bänke mehr für die Alten. Die Alten bleiben entweder zu Hause beim Fernsehapparat oder kommen als Junge zurechtgemacht zum Tanz. Keine »Posaunen« mehr, an ihre Stelle sind kleine Orchester mit Mikrophonen, Tonverstärkern und schreienden Sängern getreten.

Dies alles soll nur bezeugen, daß es Giò, unserer unvergleichlichen Familienstütze, auch auf dem Land an geistiger Nahrung nicht fehlt.

Nun geschah es, daß Giò, die lange Zeit das Dancing des Hauptorts ohne sichtbare Folgen besucht hatte, plötzlich sichtlich sorgenerfüllt von der Tanzveranstaltung heimkehrte und lange Stunden in ihrem Zimmer eingeschlossen verbrachte.

»Sie ist verliebt«, stellte Margherita fest.

Die Geschichte dauerte länger als einen Monat, bis Giò eines Abends endlich wieder mit leuchtenden Augen vom Tanzen heimkam.

»Es ist mir gelungen, ihn zu bezwingen!« teilte sie uns mit. »Ich meistere ihn.«

»Gut«, erwiderte Margherita. »Schau, daß er dir nicht entwischt.«

»Der entwischt mir nicht mehr!« bekräftigte sie selbstsicher. »Am Donnerstag ist Feiertag, da findet im Dancing eine Tanzmatinée statt. Sie müssen sich das ansehen. Ich möchte Ihre Meinung hören!«

Ich erklärte ihr, daß ich keinen Fuß in diese Hölle setzen würde, worauf sie erwiderte:

»Ich weiß schon: Sie können nicht ertragen, daß andere jung sind!«

»Nein, Giò: Ich ertrage nicht, daß ich alt bin. Es ist aber auch eine Frage der Ästhetik. Ein Alter unter Jungen sticht heraus wie eine Rübe unter Rosen.«

»Das sind Ausreden! Zum Dancing kommen genug Alte!«

»Ja, Giò: Aber das geschieht, weil allzu viele Leute nicht alt zu werden verstehen. Zu viele Menschen verfallen in zwei Extreme: Entweder lassen sie sich gehen, als wären sie altersschwach, oder sie benehmen sich, als wäre die Zeit stehengeblieben. Mit dem Ergebnis, daß sie im ersten Fall Mitleid, im zweiten Spott ernten.«

Wir ließen die Frage offen. Als wir allein waren, sagte Margherita: »Giò ist ein vernünftiges Mädchen: Sie hat einmal einen Fehler begangen, und aus Angst, ein zweites Mal zu irren, erbittet sie unseren Rat. Wir haben ihren schmerzlichen inneren Kampf verfolgt und dürfen sie jetzt nicht im Stich lassen.«

»Wie kann man in Fragen der Liebe raten?« rief ich aus.

»Es genügt, wenn wir ihr unsere Anteilnahme an ihren Herzensangelegenheiten bekunden.«

Der Donnerstag kam. Wir gingen mit Giò zum Dancing. In dem riesigen Raum herrschte nicht das befürchtete Gedränge, und die Luft war noch zum

Atmen. Wir nahmen an einem der Tischchen Platz und behielten Giò im Auge. Recht bald sahen wir sie schon mit einem sehr langhaarigen jungen Mann mit überaus engen Hosen im Tanz versunken. Das heißt, von einem gemeinsamen Tanz konnte eigentlich nicht die Rede sein: Jeder bewegte sich unabhängig vom anderen hin und her, bald standen die beiden einander gegenüber, bald Seite an Seite, bald hintereinander usw. Ihre Hauptsorge schien darin zu bestehen, einander nie zu berühren.

Plötzlich verschwand der Jüngling, worauf sich Giò unbeirrt allein weiterbewegte. Ich habe keine Übung im Tanzen, weil ich beim Walzer, Tango und Foxtrott stehengeblieben bin. Folglich kann ich Giòs Tanz nicht beschreiben. Da aber jeder schon einmal einen Preßluftbohrer in Betrieb gesehen hat, kann ich ihren Tanz als einen Preßluftbohrer mit zwei tadellosen Beinen anstelle des gewohnten vibrierenden Meißels darstellen.

Wie auch immer, es ist ohne Bedeutung.

Wir suchten den jungen Mann und entdeckten ihn schließlich an einem Tischchen sitzend und ruhig mit zwei anderen plaudernd.

»Wahrscheinlich haben sie gestritten«, sagte Margherita. »Voller Wut hat er sie stehengelassen, und sie tanzt weiter, um ihm keine Genugtuung zu verschaffen und um zu zeigen, daß sie das Ganze ignoriert. Die Taktik ist gut: Allerdings wird das Mädchen vom Tanz selbst begünstigt. Wie hätte man zur Zeit des Tangos und Walzers allein weitertanzen können?«

Der Tanz war beendet, und Giò setzte sich wieder zu uns.

»Na?« fragte sie. »Was halten Sie davon?«

»Der Kerl scheint mir interessant«, antwortete Margherita.

»Welcher Kerl?«

»Der, mit dem du getanzt hast.«

»Kann sein«, brummte sie. »Jedenfalls interessiert er mich nicht.«

»Ich verstehe«, drängte Margherita. »Du hast ihn liquidiert. Ich habe gesehen, wie er zum Tisch seiner Freunde zurückgegangen ist.«

»Man sieht, daß er müde war«, sagte Giò. »Das ist seine Sache. Was halten Sie also davon?«

»Um aufrichtig zu sein«, antwortete Margherita, »ein Kavalier, der seine Dame mitten im Tanz stehen läßt und sich zu seinen Freunden setzt, gefällt mir nicht.«

Giò blickte Margherita verblüfft an:

»Signora, was haben Damen und Kavaliere damit zu tun?«

»Sie haben sehr viel damit zu tun«, antwortete Margherita verärgert. »Da ihr als Paar getanzt habt, war er der Kavalier und warst du die Dame.«

»Uhhhh!« Giò lachte aus vollem Hals. »Ich soll die Dame und dieser große Affe der Kavalier sein!«

»Affe würde ich nicht sagen«, rief Margherita.

»Ordentlich gestutzt und mit weiteren Hosen wäre er wohl ein ganz hübscher Bursche.«

»Signora!« erwiderte das Mädchen hart. »Ich habe Ihnen schon gesagt, daß dieser Kerl mich nicht interessiert. Ich weiß nicht einmal, wer er ist und woher er kommt. Sprechen wir nicht mehr über ihn.«

»Über wen sollen wir also sprechen?« erkundigte sich Margherita.

»Über mich, natürlich. Darum habe ich Sie ja gebeten, hierher zu kommen: Finden Sie nicht auch, daß es mir endlich gelungen ist, die Sache geistig zu erfassen?«

»Welche Sache?«

»Den *Shake!* Einen ganzen Monat arbeite ich schon daran, auch zu Hause. Ich möchte Ihr nüchternes Urteil hören, wie ich den Shake tanze!«

»Wirklich«, stotterte ich, »wir sind nicht recht mitgekommen.«

»Jetzt wird eben ein Shake gespielt«, rief Giò und stand auf. »Beobachten Sie mich gut!«

»Willst du nicht warten, bis dich jemand auffordert?« fragte Margherita verwundert.

»Aber wozu denn, Signora? Ich habe meine Eintrittskarte bezahlt und tanze, wann es mir gefällt.«

Entschlossen betrat sie die Tanzfläche und begann, sich auf eigene Faust zu verrenken. Aber auch die anderen benahmen sich so. Es gab keine Paare, sondern einen kollektiven Massentanz.

»Giovannino«, sagte Margherita entrüstet, »es ist

schon so weit gekommen, daß die jungen Leute wegen des Tanzes zum Tanzen kommen! Der Tanz ist nicht mehr die angenehme Gelegenheit, einander zu begegnen, zu sprechen, einander kennenzulernen, wie es zu unserer Zeit war!«

»Zum Kennenlernen braucht man keinen Tanz mehr. Wenn einem Burschen ein Mädchen gefällt, dann sagt er es ihm, wo immer er ihm begegnet. Desgleichen das Mädchen, wenn ihm jemand gefällt. Wenn man zu einer Tanzveranstaltung geht, geht man eben tanzen. Und dabei wird weder gesprochen noch gescherzt. Für die Yé-Yé-Jugend ist Tanzen eine furchtbar ernste Angelegenheit.«

Wir beobachteten Giò: Mit großer Hingabe und viel Stil fuhr sie in ihren heftigen Bewegungen und Zuckungen fort; als sie zum Tischchen zurückkam, sagten wir es ihr:

»Giò, wenn dieser Shake ein Tanz ist, dann tanzt du ihn besser als alle anderen Mädchen.«

»Es macht mir Spaß«, antwortete sie geschmeichelt. »Natürlich werden Sie jetzt sagen, daß diese Tänze ins Irrenhaus gehören.«

»Nein: Ins Irrenhaus gehört eher die Tatsache, daß man sich zum Klang der Musik verrenkt. Aber seit Jahrtausenden haben die Menschen darüber immer andere Ansichten. Die Art und Weise, wie man sich dabei bewegt, ist selbst ohne Bedeutung.«

»Das tut mir leid«, sagte Giò bedauernd. »Da habe ich Sie hierher gebeten, nur um zu erfahren, daß die heutige Jugend aus losgelassenen Narren besteht.«

»Wir waren eben auf eine andere Weise verrückt als die heutige Jugend«, antwortete ich.

»Ich verstehe Sie nicht«, sagte Giò mürrisch, »aber sicher ist es etwas sehr Tiefschürfendes. Möchten Sie mit mir nicht den Shake versuchen?«

»Gern«, erwiderte ich. »Aber ich befolge dabei dasselbe System wie der junge Mann vorhin: Du tanzt, und ich bleibe sitzen, um mein Getränk auszutrinken.«

»Ausgezeichnet!« rief Margherita. »Ich bleibe hier sitzen und tanze mit dem jungen Mann im schwarzen Pullover, der sich dort unten allein schüttelt.«

»Sie haben sich keinen guten Kavalier ausgesucht, Signora«, sagte Giò. »Der junge Mann im schwarzen Pullover ist eine Frau.«

»Nichts zu machen!« schloß Margherita traurig. »Die modernen Tänze sind nichts für uns von vorgestern.«

Giòs Nase

»Wann ist ein Mensch glücklich?«

Ich war gerade mit eindrucksvollen Feuermalereien beschäftigt und bearbeitete mit dem Schürhaken ein großes, brennendes Ulmenscheit im Kamin, als mich Giòs Stimme aufschreckte.

»Ich weiß es nicht«, gab ich zur Antwort.

»Oh, das ist stark!« sagte das Mädchen. »Steinalt und weiß nicht, wann ein Mensch glücklich ist. Waren Sie denn im Leben nie glücklich?«

»Nein, aber ich habe es auch nie versucht.«

»Ich weiß schon: Sie haben ein unglückliches, düsteres und trauriges Leben geführt.«

»Ganz im Gegenteil. Nur mußte ich den Lebensweg mit einem Paar guter, aber enger Schuhe gehen. Von Zeit zu Zeit setzte ich mich an den Straßenrand, zog meine Schuhe und Strümpfe aus, erfrischte meine Füße im Wassergraben und ging barfuß weiter. Im Lauf der Jahre haben sich die Schuhe den Füßen angepaßt, und jetzt sind sie zwar etwas abgetreten, aber bequem.«

»Ich verstehe Ihre Philosophie schon!« rief die Familienstütze. »Sie wollen damit sagen, daß Sie glücklich waren, als Sie die engen Schuhe auszogen. Also: Glück als Ende des Unglücks.«

»Nein: Wie kann ein Mensch glücklich sein, der auf einer steinigen Straße barfuß gehen muß? Dem nach einer Woche furchtbarer Schmerzen ein Zahn gerissen wird? Er hat zwar keine Schmerzen mehr, aber es fehlt ihm ein Zahn.«

Giò ist ein intelligentes Mädchen, was schon die Tatsache beweist, daß sie die Arbeit in einer stinkenden Fabrik aufgegeben hat, um Familienhilfe zu werden (»Es ist viel besser, zwei kindische Alte zu bedienen als eine schmutzige Maschine: Überdies gibt das weniger Arbeit und mehr Verdienst«).

»Sie waren also nie glücklich, weil Sie nie mit Sicherheit wußten, was Sie vom Leben erwarteten.«

»Nein! Ich wußte genau, was ich wollte, und habe es auch erlangt. Das Schlimme daran ist nur, daß ich nie sicher war, ob diese Dinge für das Glück tatsächlich so wichtig waren.«

Margherita unterbrach die Arbeit an ihrem historischen Pullover und gab folgenden Ausspruch zum besten:

»Drei Dinge braucht man zum Glück: Dummheit, Egoismus und eine gute Gesundheit. Wenn jedoch das erste fehlt, nützen die beiden anderen nichts.«

»Du bist zynisch, Margherita«, sagte ich.

»Nicht ich, sondern Flaubert«, antwortete sie.

Giò schaute Margherita voller Respekt an, welche aber erläuterte:

»Früher hatte man mehr Achtung und Liebe für die Kultur. Auch wer keine klassischen Studien absolvierte, konnte sich eine Menge wichtiger Dinge aneignen, denn in den Packungen der Schokoladenpralinés befanden sich kleine Zettel mit Aussprüchen bedeutender Persönlichkeiten aus Kultur, Kunst, Politik usw. Diesen Gedanken über das Glück habe ich aus den Pralinés gelernt.«

Die Stütze der Familie seufzte und meinte dann:

»Sei es wie immer, Tatsache ist, daß ich todunglücklich bin.«

»Giò«, sprach Margherita ihr zu, »laß dich nicht von den Illustrierten und vom Fernsehen beeinflussen, die mit sträflichem Leichtsinn über Glück und Unglück sprechen. Du darfst das Unglück, das etwas Ungeheures ist, nicht mit einer unbedeutenden, vorübergehenden Unannehmlichkeit verwechseln.«

»Ich bin aber unglücklich«, wiederholte Giò. »Ich bin es seit Jahren und werde es immer sein, weil ich nicht den Mut aufbringe, etwas zu unternehmen. Ich hasse mich! Verstehen Sie? Ich hasse mich! Wenn ich morgens in den Spiegel schaue, um mich zu frisieren, dann möchte ich mir am liebsten ins Gesicht spukken!«

»Das ist nicht so schlimm«, sagte Margherita. »Es genügt, daß du den Spiegel austauschst. Es kann ja nur am Spiegel liegen, denn in deinem Gesicht sehe ich nichts, was deinen Haß im mindesten rechtfertigen könnte.«

»Nein!« schrie die Stütze der Familie. »Der Spiegel ist in Ordnung: Man muß vielmehr das Gesicht austauschen. So sehen Sie mich doch an: Finden Sie, daß man mit einer solchen Nase herumgehen kann?«

»Natürlich«, antwortete Margherita. »Sie ist die einzige, mit der du herumgehen kannst, denn sie gehört dir.«

»Das ist nicht meine Nase! Meine ist ein französisches Näschen, vom kecken Trixi-Typ, und etwas aufgeworfen.«

»Aber bitte!« gab Margherita zur Antwort. »Wie soll eine französische Nase in einem emilianischen Gesicht stehen?«

Das Mädchen rang bekümmert die Hände und stöhnte: »Sehen Sie denn nicht, wie ich leide? Signora, ich bin schon zu lange Zeit unglücklich, und auch ich habe das heilige Recht auf ein wenig Glück. Verstehen Sie denn nicht, daß ich diese verdammte Nase nicht mehr ertragen kann?«

Ich ließ die Stimme meiner Altersweisheit vernehmen:

»Giò, diese Nase hat dir Gott gegeben, und du mußt sie behalten. Weshalb betrachtest du nicht die Nasen der anderen, anstatt immer die deine?«

»Weil ich dazu verurteilt bin, meine Nase zu tragen, nicht die der anderen. Und ich habe sie lange genug getragen. Morgen fahre ich nach Mailand und lasse mir die Nase ändern!«

»Ach, ich verstehe schon«, sagte ich. »Auch ich habe diese abstoßende Fernsehsendung über die plastische Chirurgie gesehen. Aber ich habe nicht geglaubt, daß sie die Phantasie normaler Mädchen aufstacheln könnte.«

»Ich bin kein normales Mädchen! Ich leide unter dem Rhinozeroskomplex!«

»Was hat das Rhinozeros damit zu tun?«

»Warum wird das Rhinozeros wild, wenn man stehen bleibt, um es zu betrachten? Weil es glaubt, daß alle es wegen seines komischen Dings verhöhnen, das es als Nase trägt. Darum stürzt es sich auf den Betrachter, um die Beleidigung zurückzuweisen, mit der heimlichen Hoffnung, sich dabei die Nase zu brechen. Und sagen Sie nichts gegen die plastische Chirurgie!«

»Ich habe nichts gegen sie gesagt«, betonte ich. »Sie ist etwas durchaus Ernstzunehmendes und Bewundernswertes, wenn sie Fehler oder Entstellungen beseitigt, die vielleicht abstoßend sind und das Leben eines Menschen vergiften können. Aber wenn sie sich in den Dienst der Launen eines dummen Weibchens stellt, das ohne triftigen Grund glaubt, seine Nasensilhouette ändern zu müssen, dann ist sie nichts Ernstes mehr. Dann sollte sie sogar gesetzlich geahndet werden, weil sie die Kennzeichen einer Person verändert. Meiner Ansicht nach begeht sie in einem solchen Fall geradezu ein Verbrechen: Da es sich dabei um geistig zurückgebliebene Menschen handelt, liegt auch noch eine Übervorteilung Unzurechnungsfähiger vor.«

»Ich bin nicht unzurechnungsfähig, und ich werde nach Mailand gehen, um mir meine Nase ändern zu lassen. Daher brauche ich eine Woche Urlaub. Das Geld habe ich beisammen, und das ist schließlich das wichtigste.«

»Nein«, sagte ich mahnend. »Deine Mutter muß den Arzt schriftlich zur Durchführung der Operation ermächtigen.«

»Was geht das meine Mutter an? Die Nase gehört mir!«

»Ja, Giò, aber sie ist ebenso minderjährig wie du. Geh also zu deiner Mutter und bring mir die beglaubigte Zustimmung, dann lasse ich dich ziehen.«

»Gut«, sagte das Mädchen freudig. »Jetzt möchte ich noch Ihre Meinung hören und sehen, ob wir im Geschmack übereinstimmen. Bitte sehen Sie sich das an und sagen Sie mir, welchen Nasentyp Sie bevorzugen.«

Sie breitete eine große Mappe voller Photographien und Zeitungsausschnitte vor uns aus. Margherita wollte die Bilder weiterreichen, aber ich weigerte mich unwillig: »Giò, ich verstehe nicht, warum du die Nase von Liz Taylor, Belinda Lee oder von der Lollobrigida willst, da du doch selbst eine eigene Nase ohne besondere Mängel besitzt.«

»Sie hat den schlimmsten aller Mängel!« schrie das Mädchen. »Sie gefällt mir nicht.«

Margherita hatte indessen die Musterung rasch beendet und hielt Giò ein Photo in Postkartenformat vor Augen: »Hier: Diese Nase gefällt mir am besten.«

»Aber das ist doch eine Aufnahme von mir!« protestierte das Mädchen.

»Das habe ich gar nicht bemerkt«, sagte Margherita. »Jedenfalls steht dir diese Nase am besten.«

Die Familienstütze wurde wütend.

»So denken Mumien!« rief sie. »Sie wollen mich boykottieren, weil Sie ein Mädchen nicht glücklich sehen wollen! Aber was schert mich das? Meine Mutter ist keine altersschwache Spießbürgerin, wie Sie es sind, sie wird mich verstehen! Die Bourgeoisie ist tot! Die Zukunft gehört dem Proletariat!«

Um drei Uhr nachmittags fuhr sie im Auto davon. Am selben Abend, es war nebelig, kam sie zurück. Was Nebel in der Tiefebene bedeutet, kann sich ein Fremder nicht ausmalen. Wenn man, wie man zu sagen pflegt, den Nebel der Lombardei mit dem Messer schneiden kann, so kann man den der Tiefebene nur mit einer starken Säge durchdringen. Wenn man im Auto fährt, befindet man sich unversehens in einem Kanal oder an einen Baum geklebt. Es war also nichts Merkwürdiges daran, daß Giòs Gesicht verbunden und eingeschmiert war.

»In der Küche«, gab sie düster zur Antwort.

»Meine Mutter machte gerade Blätterteig; kaum hatte ich ihr das von der Ermächtigung gesagt, als sie mich schon mit dem Nudelholz zerschmetterte. Hätte sie es mir nur auf den Kopf geschlagen! Aber sie schlug mich auf die Nase. Verstehen Sie? Auf die Nase! Es muß etwas daran gebrochen sein. Der Arzt mußte mich eingipsen.«

Margherita ist ein sentimentales Wesen, dessen Augen sofort in Tränen schwammen. Ein Schluchzen erschütterte ihre Brust.

»Margherita, laß es dir nicht so nahe gehen«, sagte ich freundlich. »Sie kann nicht stark zugeschlagen haben. Mit ihren bärenstarken Armen hätte sie ja zumindest den Kopf abgetrennt.«

»Ja, leider«, schluchzte Margherita. »Aber was willst du machen: Diese altmodischen Mütter haben eine so eigene, unschuldige Ursprünglichkeit, daß es mich rührt!«

Giò war wütend.

»Wenn meine Mutter glaubt, mich bezwungen zu haben, irrt sie!« rief sie.

»Ja«, sagte ich. »Aber du mußt gerechterweise zugeben, daß wir recht hatten, als wir sagten, daß es deine Nase ist. Als du den Schlag erhieltst, hast du es sicherlich bemerkt!«

»Ich werde gesund werden und nach Mailand fahren!« rief sie mit sehr nasaler Stimme.

Sie wurde gesund, fuhr aber nicht nach Mailand. Als der Verband entfernt werden konnte, zeigte es sich, daß die Nase eben jenen kleinen Buckel verloren hatte, den sie bemängelte. Und wenn dabei auch nicht gerade ein französisches Näschen herauskam, so war es doch immerhin eine angenehm anzusehende und zu tragende Nase.

Was Mutterliebe doch alles vermag!

Sexualerziehung

Unsere Familienstütze Giò, die mit erbarmungsloser Strenge über die Einhaltung jeder einzelnen Klausel des anmaßenden ärztlichen Diktats wacht, das uns nach unserem gastro-cardio-hepato-neuro-bronchialen Zusammenbruch vorgeschrieben wurde, ist ein modernes Mädchen.

Allerdings gibt es in ihrem Gehirn gewisse »tote Zonen«, die aus topographischen Gründen vom segensreichen Licht des Fortschritts und der Fortschrittlichkeit nicht erleuchtet werden können. So wird sie von Zeit zu Zeit in einer Weise aufsässig, daß es einen wirklich aus der Fassung bringen kann.

»Sie«, rief sie mir eines Tages zu und fuchtelte mit einer angesehenen Tageszeitung vor meiner Nase herum, »haben Sie dieses Zeug gelesen?«

»Nein, Giò, und ich habe auch gar nicht die Absicht, es zu tun.«

»Dann will ich es Ihnen erklären«, erwiderte das Mädchen. »Eine junge Mutter aus Mailand erwartet ihr zweites Kind. Da alle Zeitungen eine offene Aufklärung der Kinder vertreten, erklärt sie ihrem achtjährigen Ältesten, einem ›aufgeweckten und von Natur aus beobachtenden Kind‹, eingehend und liebenswürdig die Vorgänge in ihrem Körper.«

»Wieso liebenswürdig?« unterbrach Margherita.

»Das wird in dem Leserbrief der jungen Mailänder Mutter nicht erklärt. Wahrscheinlich hat sie dem Kind gesagt: ›Pierino, weißt du, warum deine Mutti ein dickes Bauchi bekommt?‹ ›Weil Mutti zuviel Süßes gegessen hat und ihr Bauchi jetzt weh tut.‹ ›Nein, Pierino. Muttis Bauchi wird dick, weil dein Brüderchen darin ist!‹ ›Aber geh! Wie ist es denn hineingekommen, Mutti?‹ Hier erklärt die junge Mailänder Mutter mit steter Liebenswürdigkeit das Phänomen und stellt dabei die Rolle des Vaters ins richtige Licht. ›Dann bringt also nicht der Storch die Kinder?‹ folgert Pierino. ›Aber geh, der Storch! Nur dumme Kinder glauben an dieses Märchen! Die Kinder kommen so zur Welt, wie ich es dir erklärt habe. Hast du es verstanden?‹ ›Ja, Mutti. Wenn also ich und meine Freundin Rosina ein Kind haben wollen, können wir es so machen!‹ ›Nein, Pierino! Zuerst müßt ihr verheiratet sein!‹ ›Warum denn, Mutti? Ninetta, die Tochter der Hausmeisterin, hat ein Kind, ohne verheiratet zu sein!‹ ›Ja, Pierino, aber das ist nicht schön. Außerdem ist das nur etwas für Erwachsene!‹ ›Das finde ich nicht, Mutti; wie die Ninetta das Kind gekriegt hat, war sie erst dreizehn Jahre alt!‹ Usw., usw. So wird es gewesen sein, da doch das

Kind ›aufgeweckt und ein geborener Beobachter‹ ist.«

»Das glaube ich auch«, sagte Margherita. »Ich verstehe nur nicht, wieso etwas Derartiges in die Zeitung gekommen ist!«

»Darum«, erläuterte Giò, »weil das Quecksilberchen den Schulkameraden und -kameradinnen am nächsten Vormittag erklärt hat, wie die Kinder auf die Welt kommen. Die kleinen Buben und Mädchen haben es daheim weitererzählt, worauf die Mütter Einspruch erhoben haben und nun die moderne Mutti als halbe Verbrecherin behandeln.«

»Daran haben sie gut getan«, bemerkte Margherita. »Hoffentlich sagt dies auch die Redaktion.«

»Ganz im Gegenteil!« rief das Mädchen. »Und genau deswegen werde ich wild. Da wird geschrieben, daß sich die junge Mailänderin ganz richtig benommen habe und daß ihr System das rechte sei. Sie bemerkt nur, daß Pierino hätte eingeschärft werden müssen, die Sache nicht weiterzuerzählen, da es noch immer dumme Eltern gebe, die den Kindern lieber Geschichten vom Storch, vom Kohlkopf und von den Geschäften erzählen, wo man die neugeborenen Kinder kauft, so wie sie ihnen früher, als sie noch klein waren, vom Christkind sprachen. Usw.«

Margherita breitete traurig die Arme aus.

»Da die Dinge so stehen«, sagte sie, »und diese seriöse, angesehene Zeitung mich und Giovannino indirekt beschuldigt, schlechte Eltern gewesen zu sein, müssen wir wohl schuldbewußt den Kopf senken.«

Da rebellierte ich.

»Ich pfeife auf deine seriöse, angesehene Zeitung!« rief ich. »Wir waren keine schlechten Eltern. Schlechte Eltern sind jene, die ihren Kindern das Beste des Lebens rauben. Überaus schlechte Eltern, weil sie auf untergründig pornographische Zeitungsartikel achten, anstatt sich die ehrliche Frage zu stellen: ›Wozu dient es, wenn man einem Kind zwischen fünf und zwölf Jahren die Zeugung erklärt?‹ Wenn sie dies täten, müßte die Logik ihnen die einzig mögliche Antwort geben: ›Es dient nur der frühzeitigen Weckung eines Triebes, der in allen Lebewesen vorhanden ist und dann zum Vorschein kommt, wenn es die Natur festgelegt hat.‹

In einer Illustrierten habe ich einen scheußlichen Bildbericht gelesen: Er handelte von einem modernen Elternpaar, das ein System erfunden hat, wie man zwei- bis dreijährigen Kindern das Lesen beibringt. Die beiden Unglückswesen meinen, zu diesem Zeitpunkt sei der Geist noch frei, klar, höchst aufnahmefähig und ›registriere‹ mit außerordentlicher Leichtigkeit. Auf diese Weise sollen die Kinder einen zeitlichen Vorsprung gewinnen. In Wirklichkeit aber ›registriert‹ das junge Kinderhirn mit diesem System nur banale, eiskalte technische Begriffe statt der für die geistige Bildung wesentlichen Begriffe und Empfindungen.

Ich weiß es, Margherita: Berühmte Pädagogen haben tiefschürfende Studien durchgeführt und umfangreiche Abhandlungen geschrieben, um zu zeigen, wie man zwei- bis vierjährigen Kindern Dinge beibringen kann, die sie auf Grund der Tradition und des Rechts sonst erst mit sechs Jahren zu lernen hätten. Ich weiß es, und dennoch stehe ich nicht an zu behaupten, daß ich, wäre mir die Möglichkeit dazu gegeben, das Schulalter von sechs auf zehn Jahre hinaufsetzen würde. Ich bin dagegen, daß die Kinder wie das Geflügel ›in Brutkästen‹ gezüchtet werden. Nach bestimmten wirtschaftlichen Kriterien ist es freilich großartig, daß einmonatige Hühner durch wissenschaftliche Ernährung und durch Einsperren in ganz enge Boxen, wo sie aus Bewegungsmangel weder Energien noch Fett verbrauchen, auf ein Kilogramm Gewicht gebracht werden können. Dafür kommen aber aus diesen Brutkästen keine Hühner, sondern kleine Ungeheuer mit schlaffem, gehaltlosem Fleisch heraus.

Margherita, da gibt es in einer dieser *Hühnerfabriken* eine wunderbare Vorrichtung, die den Mist dieser ›Brutkastenhühner‹ verwertet, ihm die Feuchtigkeit entzieht und alle noch eßbaren Bestandteile herausholt. Daher: Ein Hoch dem nicht immer zarten Fleisch der scharrenden Hühner. Und ein Hoch den altmodischen Müttern. Man darf den Kindern nicht die Kindheit rauben. Man muß sie vielmehr zu verlängern trachten. Eine Pflanze braucht gute Wurzeln, um gesund und kräftig zu wachsen; die Wurzel unseres Lebens aber ist die Kindheit mit ihren Träumen und Märchen. Margherita: Daß es mir gelungen ist, Leiden aller Art in ruhiger Heiterkeit zu ertragen und auch heute noch mit jugendlichem Eifer zu arbeiten, verdanke ich dem kostbaren Schatz, den meine Eltern mir gegeben haben: einer langen, reinen Kindheit voller Märchen und Träume.

In den Augenblicken harten Kampfes, in Not, Angst, Hunger, Krankheit, Bitterkeit, wenn die alte Rinde meines Stammes rissig wird und Äste verdorren und abfallen, dann finden meine wohlverankerten Wurzeln in der Erde immer wieder den Saft, der dem Baum von neuem Kraft spendet.

In den härtesten Augenblicken des Sturms finde ich stets eine sichere Zufluchtstätte: Meine lange, glückliche, reine Kindheit mit ihren Märchen, Träumen und Hoffnungen.

Ich bin jetzt achtundfünfzig und ziemlich ausgelaugt. Und dennoch weigere ich mich, allen logischen Argumenten zum Trotz, zu glauben, daß meine Mutter den kleinen Schuh vor dem Küchenfenster in der Nacht der heiligen Lucia selbst gefüllt hat. Die heilige Lucia hat ihn gefüllt! Ich bin bereit, es zu beschwören.

Mit Scham denke ich noch an jenes Weihnachtsfest, als Albertino schon ein großer, dreizehnjähriger Bursch war; nach Beendigung des traditionellen Essens am Heiligen Abend trug ich die Geschenke hinunter, um sie selbst zu verteilen, anstatt die Gaben wie bisher in der Nacht unter den Christbaum zu legen. Mit Scham erinnere ich mich an Albertinos Zornausbruch. Ich verstehe noch immer nicht, weshalb er mir damals nicht zuschrie: ›Trottel!‹ Ich hätte es verdient.«

»Ich hatte es dir aber gesagt«, bemerkte Margherita mit berechtigtem Stolz.

»Dann«, sagte Giò, »sind also auch Sie nicht mit der Zeitung einverstanden.«

»Natürlich nicht«, antwortete ich. »Es stimmt überhaupt nicht, daß der Storch, wie die Zeitung schreibt, so bequem ist. Es ist viel unbequemer und schwerer, die Kindheit zu verlängern, als sie durch Entzauberung und rohe Konfrontierung mit der schmutzigen, harten Wirklichkeit zu verkürzen.«

Da schaltete sich Margherita ein:

»Warum beharren aber dann Presse, Fernsehen und Film auf der Notwendigkeit, die Kinder zu entzaubern und schon von klein auf den Problemen des realen Lebens, von der Sexualität angefangen, gegenüberzustellen?«

»Weil das dem egoistischen Wunsch der meisten Eltern entspricht, die, nachdem sie Kinder auf die Welt gesetzt und sich mit ihnen zwei, drei Jahre herumgetummelt haben, nur noch den einen Wunsch hegen, sie loszuwerden, sie nicht mehr am Hals zu haben. Presse, Fernsehen und Film sind natürlich geschäftliche Unternehmungen, die den Kundenwünschen entgegenkommen wollen. Das traurige, beschämende Phänomen der Massen von Halbwüchsigen, die in Herden zum Shake-Rhythmus herumhüpfen, ist nichts anderes als eine Folge des Egoismus dieser ›modernen‹ Eltern, die ihre Kinder vorzeitig altern lassen wollen, um sie eher los zu sein. Hier liegt die Wurzel; es ist nur logisch, daß die Kinder außer Haus suchen, was sie daheim nicht finden, und vorzeitig heiraten. Und mit siebzehn fühlen sie sich schon alt und enttäuscht. Wir, Margherita und ich, fühlen uns heute noch für unsere Kinder verantwortlich, obwohl sie selber schon Kinder haben.«

An dieser Stelle bemerkte Giò:

»Sie, was hätten Sie dieser jungen Mailänder Mutter geantwortet, die sich bei der Zeitung darüber beschwerte, daß die anderen Mütter sie wie eine *halbe Verbrecherin* behandelten?«

»Ich hätte geantwortet: ›Signora, Sie beschweren sich zu Recht. Diese Mütter dürften Sie nicht wie eine *halbe Verbrecherin* behandeln. Sie hätten Sie als *Vollidiotin* ansehen müssen.‹«

Giò stimmte mir zu:

»Sie gefallen mir, weil Sie die Dinge immer so liebenswürdig und bildlich zu sagen verstehen...«

Krieg dem Kinderglauben

Es war ein klarer Oktoberabend, und schon seit längerer Zeit heulte Ful wie eine arme Seele.

»Schauen wir, warum er einen solchen Krach macht«, sagte ich zu Michelone.

Wir gingen in den Hof hinaus, wo sich das Geheimnis rasch aufklärte.

»Er bellt den Mond an«, erklärte ich Michelone.

»Warum?« fragte das Kind, das nicht von der Art ist, sich mit flüchtigen Auskünften zufriedenzugeben.

Es ist nicht leicht, einem zweieinhalbjährigen Kind zu erklären, weshalb Hunde den Mond anbellen. Außerdem weiß ich bloß, daß der Mond von bemerkenswertem Einfluß auf die Gezeiten, auf das Um- und Abfüllen von Wein und dergleichen ist: daher murmelte ich nur ziemlich verlegen, ich wüßte es auch nicht.

Michelone blickte hinauf und fand die richtige Erklärung:

»Ful heult, weil der Mond kaputt ist.«

Tatsächlich fehlte ihm ein großes Stück; und ich beglückwünschte das Kind wegen seiner scharfen Beobachtungsgabe, wobei ich schloß:

»Ganz recht: Ful heult, weil der Mond kaputt ist.«

Natürlich war die Geschichte damit noch nicht beendet, vielmehr forschte Mico weiter:

»Wer hat ihn kaputt gemacht?«

Da sagte ich ihm, das seien die Flugzeuge gewesen, die mit ihrem furchtbaren Gedröhne die Häuser zum Zittern bringen, wenn sie ganz hoch oben vorüberfliegen. Die Erklärung befriedigte ihn, und wir gingen ins Haus zurück. Eines Tages aber, es war im Speisezimmer, da wurde die kleine Persönlichkeit von einer berechtigten Sorge erfaßt:

»Hat das Eselchen nicht Angst, wenn das Flugzeug ›Bum‹ macht?«

»Nein«, antwortete ich sicher.

Michelone verkroch sich beruhigt in den Speiseschrank, aus dem er mit dem Brotkörbchen wieder hervortrat.

Er erklärte, das Eselchen sei hungrig und müsse auf dem Fensterbrett das Säckchen mit Brotschnitten, Zuckerstücken und Kleie vorfinden.

Unsere Familienstütze Giò, die Gott mit großzügiger Hand über unsere ruinöse häusliche Gebarung ausgestreut hat, lachte belustigt:

»Wie kommt denn das Eselchen auf dein Fensterbrett? Das Eselchen ist ganz, ganz klein, und das Fensterbrett ist ganz, ganz hoch.«

»Das Eselchen der heiligen Lucia kann fliegen!« antwortete Michelone mit Bestimmtheit.

Die überaus aufgeklärte Familienstütze schüttelte empört den Kopf: »Aber geh mit deinem Eselchen und mit deiner heiligen Lucia!« rief sie. »Wer hat dir diesen Unsinn erzählt?«

»Ich und seine Mutter«, antwortete Margherita. »Und was den Unsinn betrifft, so bist du es, die ihn spricht. Sei jetzt still und hol ein weißes Säckchen für die Brotschnitten, die Kleie und die Zuckerstücke. Das Eselchen der heiligen Lucia muß viel umhergehen und ist hungrig.«

»Unglaublich!« rief das Mädchen aus. »Die Menschen werden bald den Mond erreichen, und noch immer gibt es Leute, die den Kindern solche Dummheiten einreden. Man darf den Kindern keine Märchen erzählen: Man muß sie vielmehr ständig auf dem Boden der Realität zurückhalten. Die Zeiten der heiligen Lucia mit ihrem Eselchen, der Hexe auf dem Besen, der Engel und Teufel, des Christkinds sind vorüber! In der Himmelshöhe fliegen künstliche Satelliten, interplanetarische Raketen und Raumschiffe. Heute gilt einzig und ausschließlich, was von der Wissenschaft bewiesen werden kann.«

Margherita breitete verzweifelt die Arme aus:

»Der Arme!« sagte sie traurig. »Es tut mir um Gottvater leid, der jetzt nicht mehr existieren darf, weil er von der Wissenschaft nicht bewiesen werden kann!«

»Über Gottvater habe ich nicht gesprochen!« erklärte die Familienstütze. »Und die Existenz Gottes habe ich niemals geleugnet.«

»Es ist sehr nett von dir, daß du uns noch auf Gott zu hoffen erlaubst!« rief Margherita recht erleichtert.

Da wurde Giò streng und sagte:

»Sie haben wenig Grund, Signora, sich über mich lustig zu machen. Ich habe über die Kinder gesprochen und zum Ausdruck gebracht, daß man ihre Köpfe nicht mit dummen Phantastereien anfüllen darf, sondern daß man an die wissenschaftlichen Gegebenheiten anschließen muß. Nur so wächst eine neue Generation heran, die der neuen Welt würdig ist.«

»Giò«, schaltete ich mich ein, »von dieser neuen Generation, die keine dummen Phantasien mehr im Kopf hat, gibt es schon zahlreiche Musterexemplare. Bei uns sind sie zwar noch selten, aber in Amerika, England und den nordischen Ländern gibt es davon Hunderttausende. Leider flüchten sich diese Beatniks, Beats und Hippies zu Marihuana, LSD und anderen Giften, da sie von dummen Phantasien, wie du es nennst, völlig frei sind und kein Innenleben mehr besitzen, das ihnen über die kalte, trostlose Realität des Materiellen hinweghelfen könnte. Doch wie oft arten ihre *acid parties* in grauenvolle Orgien aus und enden, wie wir aus dem New Yorker Greenwich Village gehört haben, mit erstochenen, zertretenen oder erschlagenen jungen Leuten. Jetzt erst ist dies mit der einundzwanzigjährigen Groovy und mit der achtzehnjährigen Erbin eines großen Vermögens, Linda, geschehen.«

»Was haben diese Schweinereien mit unserem Gespräch zu tun?« fragte Giò angriffslustig.

»Sie haben damit zu tun«, erwiderte ich. »Weil die jungen Menschen früher einmal der rohen Wirklichkeit mit Hilfe ihrer geistigen Reserven entkommen konnten. Glaube, Hoffnung, Liebe, Familie, Vaterland, Verantwortungsbewußtsein, Pflichtgefühl, Arbeitsfreude: Das waren die Drogen der Jugend von früher. Und sie waren keine Gifte, keine Aufputschmittel.«

»Sie verkehren alles ins Tragische!« wandte das Mädchen ein. »Was haben die Drogen damit zu tun? Ich habe nur gesagt, daß man Kinder nicht beschwindeln darf, indem man sie Dinge glauben läßt, die es in Wirklichkeit gar nicht gibt. Das schadet, weil sich die Kinder ein falsches Bild vom Leben machen und dann furchtbar enttäuscht sind, wenn sie den Betrug bemerken. Versuchen Sie ehrlich zu sein, und antworten Sie mir: Was haben Sie zum Beispiel empfunden, als Ihnen ein aufgeklärter Schulkamerad sagte, die Geschenke im Schuh seien nicht von der heiligen Lucia, sondern von Ihrer Mutter?«

»Ich werde ehrlich sein«, antwortete ich. »Ich habe diesen elenden Idioten gehaßt und ihm einen Schlag auf die Nase versetzt. Außerdem wollte ich nicht glauben, was er sagte. Und noch heute, nach einem halben Jahrhundert, denke ich mit unendlichem Trost an die Nächte der heiligen Lucia und an die zitternde Erwartung, die mich nicht, wie sonst, sofort einschlafen ließ. Noch heute habe ich heftiges Herzklopfen, wenn ich an das Erwachen am frühen Morgen denke, wie ich in dem eiskalten Zimmer aus dem Bett sprang und zum Fenster lief. Und noch heute empfinde ich die wunderbare Freude, die ich damals verspürte, als ich meinen vollgefüllten Stiefel vom Fensterbrett hereinholte. Welch köstliche Wärme, wenn ich dann wieder unter die Decken kroch und den Schuh ausleerte. Wenn ich daran zurückdenke, spüre ich neuerlich diese Wärme und sehe im Geiste wieder all die bescheidenen Gaben vor mir. Giò, unsere seelischen Reservekräfte bestehen aus tröstlichen, mit bestimmten Handlungen verknüpften Erinnerungen. Wenn uns das Leben besonders bitter, hart und kalt scheint, dann kann man Trost gewinnen, indem man jene weiche, milde Wärme wiederfindet, die unser altes Herz erwärmt und ihm von neuem Kraft und Hoffnung gibt. Seit damals sind fünfzig Jahre vergangen, und in diesem halben Jahrhundert habe ich eine Unmenge häßlicher Dinge erfahren, aber an die heilige Lucia und ihr Eselchen glaube ich noch immer. Als ich schon in meinem sechsunddreißigsten Lebensjahr war und eines Nachts die kleinen Schuhe von Albertino und der Pasionaria füllen sollte, fragte ich einmal dummerweise meine Mutter, wie es ihr gelungen sei, in mein Zimmer zu kommen, das Fenster zu öffnen, den Schuh mit Gaben zu füllen, das Fenster wieder zu schließen und aus dem Zimmer zu schleichen, ohne es mich je merken zu lassen. Sie blickte mich verblüfft und gekränkt an und erwiderte dann trocken: ›Was fragst du mich? Ich war es nicht.‹ Und ich glaubte ihr.«

Die Familienstütze lachte belustigt und sagte:

»Warum versuchen Sie dann nicht, in der Nacht der heiligen Lucia Ihren eigenen Mordsschuh auf das Fensterbrett zu stellen?«

»Weil ich Angst habe«, antwortete ich.

»Angst wovor?«

»Ihn in der Früh voller Geschenke zu finden.«

»Was Sie nicht alles glauben!« lachte das Mädchen schallend. »Wer sollte Ihnen die Geschenke zu Ihrem Taubenschlag hinaufbringen?«

»Du kennst den Charakter meiner Mutter nicht«, erklärte ich.

»Aber sie ist doch schon seit vielen Jahren tot!«

»Eben darum. Den Toten sind keine Grenzen gesetzt. Die Toten gelangen, wohin sie wollen.«

»Daß ich nicht lache! Sie wissen sehr gut, daß Sie einen leeren Schuh vorfinden würden.«

»Das wäre noch schlimmer, als ihn gefüllt zu finden, denn das würde bedeuten, daß ich mich in diesen fünfzig Jahren nicht gut aufgeführt habe.«

Giò unterhielt sich großartig:

»Ich verstehe schon: Sie unterlassen es aus Angst vor dem Übernatürlichen!«

»Davor muß man auch Angst haben, Mädchen«, sagte ich. »Ein berühmter, damals sozialistischer Politiker holte einmal während einer Versammlung seine Uhr aus der Tasche und legte sie vor sich auf den Tisch. ›Gott!‹ rief er. ›Ich fordere dich heraus. Wenn es dich gibt, so strafe mich! Ich gewähre dir fünf Minuten!‹«

»Und starb er?« fragte Giò.

»Er wurde viele Jahre später ermordet. Gott hat keine Eile.«

Da kam Michelone herbei und verlangte eine Banane für das Eselchen der heiligen Lucia.

»Eselchen mögen keine Bananen«, sagte ich.

»Aber ich mag sie«, meinte Michelone.

Das änderte die Sachlage grundlegend, und ich gab ihm die Banane.

Sklaven der Geschirrspülmaschine

»Ich verstehe es nicht«, sagte Giò, die junge Mitarbeiterin der Familie, die unsere heimische Hütte leitet und regiert. »Der Wohlstand hat alle Häuser erreicht bis auf dieses.«

Ich antwortete recht verärgert:

»Gut, Giò: Es fehlen uns noch das Motorboot, der Wohnwagen, die Stereoanlage ›high fidelity‹ und eine kostbare antike Einrichtung; aber das berechtigt dich noch nicht zu der Behauptung, daß der Wohlstand unser Haus noch nicht erfaßt hat.«

»Wohlstand bedeutet nicht einfach, das Haus mit Maschinen anfüllen. Wenn man ein Auto hat und es dazu benützt, sich den Kopf an einem Baum oder in einem Graben zu zerschmettern, so ist das kein Wohlstand. Wie es auch keiner ist, wenn man eine vollautomatische Waschmaschine besitzt und die Trommel mit Tellern, Gläsern und Kochgeschirr anfüllt.«

Diese Bemerkung war vollkommen berechtigt, aber man muß sich vor Augen halten, daß Margherita gegen jede Art von Mechanismus, einschließlich Dosenöffner und Entkorker, allergisch ist.

»Jeder kann irren«, sagte ich. »Jedenfalls wurden die Waschmaschine und die Geschirrspülmaschine nach diesem lästigen Vorfall immer von dir bedient.«

»Sicherlich, ich habe sie benützt, aber auf irrationale Weise, in Anpassung an das irrationale Milieu, in dem ich zu leben gezwungen bin. Darum sage ich, daß der Wohlstand dieses Haus noch nicht erreicht hat. Der Wohlstand ist nämlich das Ergebnis der vernünftigen Benützung der Vorrichtungen, die uns der Fortschritt zur Verfügung stellt.«

»Ich verstehe nicht, was du damit sagen willst.«

»Das ist eine einfache technische Angelegenheit«, erklärte sie. »Waschmaschinen und Geschirrspüler haben ein Fassungsvermögen. Die Waschmaschine ist dann nützlich und wirtschaftlich, wenn sie fünf Kilogramm Wäsche wäscht. Die Geschirrspülmaschine muß das gebrauchte Geschirr von fünf Personen spülen können, also: fünf tiefe Teller, fünf flache Teller, fünf Desertteller, fünf Gläser, fünf Kaffeetassen mit Untertassen usw.«

»Und was willst du damit sagen?«

»Damit will ich sagen, daß man sich der Fassungskraft der verschiedenen Maschinen anpassen muß, um den größtmöglichen Nutzen von den Elektrogeräten zu haben und nicht deren Sklaven zu werden. Der Wäsche-, Geschirr- und Besteckverbrauch etc. muß entsprechend eingeteilt werden. Zum Beispiel bei der Geschirrspülmaschine: An normalen Tagen sind wir drei Personen: zu wenig, um die Maschine täglich zweimal (Mittagessen und Abendessen) laufen zu lassen, zu viel, um sie nur einmal nach dem Abendessen zu benützen. Daher ergibt sich die Notwendigkeit, zu programmieren...«

Wenn ich über Programmierung, Planung und ähnliches Zeug lese oder reden höre, verschlingen sich meine Gedärme; deshalb unterbrach ich sie barsch.

»Giò, das ist deine Sache. Teil es dir ein, wie du es für richtig hältst.«

Das war nach dem Abendessen. Als ich mir am nächsten Morgen im Badezimmer das Gesicht abtrocknen wollte, fand ich anstelle des Handtuchs ein Leintuch. Natürlich sagte ich mit lauter Stimme Dinge, die die Grundmauern des Hauses einer argen Belastung aussetzten. Daraufhin erschien Giò und fragte, was mit mir los sei.

»Aus bloßer Neugierde«, antwortete ich, »wüßte ich gerne, weshalb ich mein Gesicht statt mit einem normalen Handtuch mit einem Doppelleintuch abtrocknen muß.«

»Weil das normale Handtuch zweihundert Gramm, das Leintuch aber tausendfünfhundert Gramm wiegt. Und für die morgige Wäsche fehlen mir genau tausendfünfhundert Gramm. Verwenden Sie heute und morgen früh das Leintuch, dann werde ich es gegen ein normales Handtuch austauschen.«

»Aber warum muß ich einen halben Hektar Leintuch schmutzig machen anstatt eines Handtuchs?« rief ich.

»Das Waschprogramm ist so zusammengestellt«, erwiderte sie, »und beruht auf mathematischer Logik.«

Sie hatte recht, und so befaßte ich mich nicht weiter mit dieser Angelegenheit.

Beim Mittagessen erhielt Margherita ihre Portion Pastasciutta in einem tiefen Teller, während ich sie auf einem Dessertteller vorgesetzt erhielt. Das Beefsteak wurde Margherita auf einem normalen flachen Teller und die Beilagen auf einem Dessertteller serviert, mir hingegen alles auf zwei Untertellern. Dann erhielten wir das Kompott in zwei Kaffeetassen. Für die Getränke wurde uns je ein normales Glas bewilligt.

Nach Beendigung des Mittagessens erklärte Giò die Angelegenheit:

»Dieses Mal war er das Opfer. Aber ich habe einen Turnus eingeteilt. Auf jeden Fall haben wir auf diese Weise zwei tiefe Teller, zwei flache Teller, zwei Dessertteller, zwei Unterteller, zwei Kaffeetassen und drei Gläser benützt. Für heute abend bleiben: drei tiefe Teller für die Suppe, drei flache Teller für das Ragout, drei Dessertteller für das Gemüse, drei Unterteller für den Pudding und drei Kaffeetassen: zwei für euren scheußlichen Pfefferminzaufguß und eine für meinen Wein, da schon zu Mittag drei Gläser verwendet wurden und für das Abendessen nur noch zwei übrig sind. Was den unteren Teil der Geschirrspülmaschine, also Pfannen, Kochtöpfe usw. betrifft, geht alles in Ordnung.«

»Großartig«, sagte Margherita, »aber wirst du immer Mittagessen und Abendessen aufeinander abstimmen können?«

»Das ist meine Aufgabe, machen Sie sich keine Sorgen«, antwortete Giò.

»Und wenn wir jemanden zum Essen einladen sollten?« erkundigte sich Margherita.

»Signora: Dann werden wir die Maschine selbstverständlich zweimal laufen lassen. Zwei Maschinengänge reichen genau für zehn Personen. Folglich können wir zu Mittag vier Gäste einladen. Die vier Fremden und wir drei sind sieben, dazu wir drei am Abend, das macht zehn. Mit einem Spülgang nach dem Mittagessen bringen wir fünf Anwesende unter. Die restlichen zwei und wir drei am Abend machen wiederum fünf für den abendlichen Waschvorgang.«

»Und wenn wir jemanden nicht zum Mittagessen, sondern für den Abend einladen?« erkundigte sich Margherita.

»Ich werde das Problem und die entsprechende Programmierung durchdenken.«

»Es scheint mir ein perfekter Plan zu sein«, bemerkte ich. »Das Unangenehme ist nur, daß man bei Einladungen den Leuten immer Vorspeisen, Obst, Süßspeisen, verschiedene Weine, Kaffee, Liköre und zumindestens zwei Gänge vorsetzt. Das bringt alles durcheinander.«

»Das glaube ich nicht«, antwortete Margherita, »man braucht nur öfters die Spülmaschine laufen zu lassen.«

»Natürlich«, setzte ich fort, »man bräuchte schließlich nur zusätzlich...«

»Öfter als zweimal am Tag bediene ich die Geschirrspülmaschine nicht«, sagte das Mädchen fest. »Der Arbeiter kann nicht schlechter behandelt werden als die Maschine, indem er zu ihrem Sklaven gemacht wird. So wie die Maschine eine begrenzte Fassungskraft hat, so hat auch der Arbeiter eine Belastungsgrenze. Die Zeiten haben sich geändert, und man muß sich ihnen anpassen. Man muß sich seine Freunde sorgsam auswählen. Zugegeben, wer einen Freund findet, findet einen Schatz: Aber es ist immer noch besser, einen Freund als eine Familienhilfe zu verlieren. Es gäbe da ein sehr originelles und sogar ausgesprochen soziales System. Zu Beginn der Mahlzeit erhebt sich die Hausfrau und sagt: ›Zu Ehren der lieben Gäste werden wir anstelle der Vorspeisen, Käse, Süßspeisen, besonderen Wein usw. den entsprechenden Betrag der Organisation *Hunger in der Welt* oder zugunsten der jüngsten Überschwemmungs- oder Erdbebenopfer spenden.‹«

»Das ist ein edler Gedanke«, sagte Margherita anerkennend. »Aber das mit den Spenden überzeugt mich nicht. Bei solchen Zeichnungen ist es leicht, Millionen zu sammeln. Der schwierigste Teil ist deren Verteilung, die oft so schwierig ist, daß sie überhaupt unterbleibt. Da hätte ich vielmehr eine glänzende Lösung: Giò wäscht ihren Anteil, den Rest des Geschirrs waschen wir beide. Giovannino, du leihst mir bei der Bedienung der Maschine eine hilfreiche Hand.«

Margherita »eine hilfreiche Hand« leihen bedeutet (in Anbetracht dessen, daß Gott mich mit zwei Händen ausgestattet hat) etwas Mühsames und zudem nicht ganz der guten Erziehung Entsprechendes, wenn man nämlich mit einer einzigen Hand arbeitet und die andere untätig herunterbaumeln läßt. Wenn daher zwei gut gegliederte Hände wie die meinen eine bestimmte Arbeit anpacken, ist die Mithilfe von Margheritas Händen nicht mehr notwendig. Jene Hände könnten also die Herstellung des historischen Pullovers fortsetzen, der Michelones Schultern beim Militär vor Luftzug schützen wird.

»Das ist ebenfalls eine gute Idee«, sagte ich, »erinnern wir uns aber daran, daß es unter den vielen Vorrichtungen auch eine gibt, die im Falle von Gästen alle Probleme allein löst: Von der Zubereitung der Speisen bis zur Säuberung des Geschirrs und der Tischwäsche.«

Giò sah mich verblüfft an.

»Gott weiß, was das für ein kompliziertes Gerät sein muß!«

»Ein ganz einfaches: Es genügt, eine bestimmte

Telephonnummer zu wählen und zu sagen: ›Ich bin der und der. Stellen Sie mir für morgen um soundsoviel Uhr einen Tisch mit soundso vielen Gedecken bereit, und servieren Sie diese und diese Gänge.‹ Das ist jene Vorrichtung, die von Grund auf alle durch die Mechanisierung des Haushalts geschaffenen Probleme löst.«

»Interessant«, sagte Margherita. »Ich würde sie gerne in Betrieb sehen.«

»Auch ich wäre darauf neugierig«, sagte Giò.

Ich telephonierte, und am Abend speisten wir im Restaurant: Margherita, Giò und ich.

Giò war bei diesem Anlaß sehr weitherzig. »Diesen Abend«, sagte sie, »dürfen Sie mit mir ruhig vertraulich umgehen wie mit einer Tochter oder Nichte. Es ist richtig, daß man dem Volk entgegenkommen muß. Aber man muß billigerweise auch dem Bürgertum entgegenkommen.«

Kinder leben wie Hühner

Giò, die kampflustige Hüterin unserer historischen häuslichen Trümmer, legte ihre Lieblingsillustrierten beiseite und schlug Alarm:
»Phänomen mit vollzähligem Troß in Sicht!«
Mit einem Satz sprang Margherita zum hofseitig gelegenen Fenster, und da in besonderen Fällen der Mann seiner Frau zu folgen hat, lief ich hinterher.
Tatsächlich sah man den herumwirbelnden schneeweißen Flocken zum Trotz die Schar, die eben im Begriffe war, den schon zwei Zentimeter mit Schnee bedeckten Hof zu überqueren. Eröffnet wurde der Zug vom Kinderwagen des Phänomens, in Bewegung gesetzt durch die dahinter schreitende Mutter, beschlossen wurde es vom Vater, der eine große Pappschachtel auf den Schultern trug.
»Das ist Wahnsinn!« bemerkte Margherita. »Von ihrem Haus bis hierher sind es mindestens fünfzig Meter. Und die Überquerung des schneeverwehten Hofes ist schwierig und gefährlich.«
»Schneeverwehung ist äußerst zutreffend«, be-

merkte Giò sarkastisch. »Ich würde es aber lieber ›Schneesturm‹ nennen, weil es dramatischer klingt und an die Tragödie der in der weißen Wüste Verirrten erinnert, mit ihren erfrorenen Füßen und Händen und mit ihren blau angelaufenen Nasen und Ohren, die abfallen, sobald man sie berührt.«

Margherita blickte sie entrüstet an: »Ein Kind von sechs Monaten ist ein zerbrechliches, zartes Blümchen, das durch einen kalten Hauch abgebrochen werden kann. Bei gewissen Dingen vertrage ich keine Scherze. Außerdem haben diese beiden gewissenlosen Menschen das Kind mit neunundneunzigprozentiger Wahrscheinlichkeit nackt oder halbnackt in den Wagen geworfen.«

Als der Kinderwagen im Speisezimmer angelangt war und vor dem Kamin hielt, dessen Feuer allein genügt hätte, den dramatischen Rückzug Napoleons aus Rußland zu verhindern, stellte sich heraus, daß das Phänomen nicht nur ein Baby, sondern ein vollständiges Musterstück für Wollkleidung war.

»Ich wundere mich«, sagte ich dummerweise, »daß das Kind mit all diesen Wollsachen am Leib während der Herfahrt nicht gesotten ist.«

Zum Glück war das Phänomen zwar merklich erhitzt, aber noch roh.

Während sich Margherita mit dem Phänomen befaßte, verfolgte Giò mit großem Interesse, wie der Vater eben dieses Phänomens an seiner Schachtel herumwirtschaftete. Als aus der Schachtel ein merkwürdiges Durcheinander von glänzenden Metallrohren und festen Nylonnetzen zutage trat, grinste sie befriedigt:

»Ach! Heute gibt das Phänomen eine Gerätenummer zum besten. Es muß ein sehr gefährlicher und aufregender Akt sein, weil ein Sicherheitsnetz vonnöten ist. Die gestrige Nummer war sehr interessant, nur zu wenig spannend.«

Margherita schritt äußerst zornig ein und stellte sich selber laut die Frage, was auf ein Mädchen denn aufregend wirken könne, das anstelle des Herzens einen gußeisernen Block und anstelle des Gehirns eine Langspielplatte mit den wichtigsten Schlagererfolgen trage.

In diesem Punkt war ich mit Margherita völlig einer Meinung, denn die gestrige »Nummer« des Phänomens war in höchstem Grade bedeutungsvoll und rührend gewesen. Das Phänomen hatte nämlich völlig unerwartet und aus eigenem Antrieb das Wort »Pio« gesagt. Nicht einmal, sondern achtzehnmal. An sich ist dieses Wort natürlich nichts Besonderes: Besonders war die Art, wie das Phänomen es aussprach. Nicht einmal die Eleonora Duse hätte es je vermocht, das Wort »Pio« so meisterlich auszusprechen. So, daß Margherita beim siebten »Pio« ausrief:

»Erst jetzt begreife ich die große geschichtliche Bedeutung der Päpste, die diesen Namen getragen haben!«

Indessen war das geheimnisvolle Gerät rasch zusammengesetzt worden und entpuppte sich als eine Kinder-Gehschule, die man »Box« nennt. Man verfrachtete das Phänomen in die Box, um sein Verhalten zu beobachten. Aber das Ergebnis war enttäuschend: Nicht nur, daß es das Gerät verächtlich ablehnte, sondern auch auf mehrfache Aufforderung wollte es nicht »Pio« sagen.

»Das Kind ist verwirrt«, stellte Margherita fest. »Die neue Umgebung verursacht in ihm ein kleines seelisches Trauma.«

»Das Kind fühlt sich mit Recht angewidert«, stellte Giò fest, »und das seelische Trauma kommt davon, daß es in einem Geflügelkäfig eingesperrt ist; schließlich ist ein Kind doch kein Huhn.«

»Richtig«, stimmte Margherita ein. »Es zeugt von außergewöhnlicher Intelligenz und Frühreife, daß das Kind mit bloß sechs Monaten schon weiß, daß es kein Huhn ist. Halten wir uns doch vor Augen, daß es zwanzig- und dreißigjährige Frauen gibt, die das noch nicht begriffen haben und wie die Hühner denken und handeln.«

»Diese modernen Erfindungen sind richtige Schweinereien«, schloß Giò und blätterte wieder friedlich in ihren Illustrierten.

Nachdem das Phänomen aus dem Stall herausgenommen, wieder in seinem Wägelchen untergebracht und von den feuchten Kleidungsstücken befreit worden war, die sein Unterteilchen bedeckt hatten, strampelte es zufrieden und lutschte zum Spaß an seinen kleinen Füßen: Diese »Nummer« war zwar schon bekannt, aber noch immer äußerst interessant; sie nahm unsere Aufmerksamkeit völlig in Anspruch und ließ uns Giò vergessen. Daher zuckten Margherita und ich zusammen, als wir Giòs wilden Ausruf vernahmen.

»Amerika muß vernichtet werden!«

Abgesehen von der Bedeutung Amerikas für die Erhaltung des Gleichgewichts der Kräfte in der Weltpolitik, war mir der Gedanke nicht gerade angenehm, ausgerechnet den von einem Italiener entdeckten Kontinent zu zerstören. Daher fragte ich Giò um die Gründe für ihren drastischen Entschluß.

»Ein Land, das derartige Unverschämtheiten erfindet, verdient die völlige Vernichtung«, rief sie, sich erhebend, und riß eine Illustrierte vor mir auf.

»Sehen Sie sich das an«, fuhr sie fort. »Sobald jetzt ein Kind zur Welt kommt, wird es, nackt wie ein Wurm, in einen Glaskasten geworfen und dort gelassen, bis es ein Jahr alt ist. Die Mutter hat nichts weiter zu tun, als die Manometer zu kontrollieren und die Temperatur, die Klimaanlage, die Luftfeuchtigkeit usw. zu regulieren. Wenn sich das Kind beschmutzt, drückt die Mutter einen Knopf, und sofort wird es von einem Strahl lauwarmen Wassers gespült wie ein Auto. Dann wird es durch einen Warmluftstrahl getrocknet. Die einzige Unannehmlichkeit besteht darin, daß das Kind zur Flaschenmahlzeit aus dem Glaskasten herausgenommen werden muß. Wenn das Kind weint, ist wegen der dicken Glaswand nichts zu hören, und Mütterchen läßt es weinen. Jetzt denkt man daran, riesige Käfige zu bauen, in denen Hunderte von Kindern wie holländische Poularden gezüchtet werden können.«

Margherita sagte, sie verstehe den Zweck der ganzen Angelegenheit nicht.

»Ganz einfach«, erklärte Giò. »Abgesehen davon, daß die Kinder nur gefilterte, sterilisierte Luft einatmen und keine Kleider anhaben, wodurch sie nicht von Bazillen und Krankheiten befallen werden können, haben jetzt die Mütter genügend Zeit, um am Fernsehquiz und am gesellschaftlichen Leben teilzunehmen, an politischen Demonstrationen aktiv mitzuwirken und lange Briefe an Jacqueline Kennedy zu schreiben. Inzwischen wächst das Kind gesund wie ein Konservenfisch heran oder krepiert in bester Gesundheit.«

»Als Idee ist das Ganze nicht schlecht«, bemerkte Margherita. »Nur müßte man auch größere Glaskästen für die Eltern dieser Glasstall-Kinder erbauen.«

Giò nahm ihre Lektüre wieder auf und blieb eine Weile ruhig, bis sie plötzlich wieder heftig ausbrach:

»Vernichten wir Frankreich!«

Offenbar war Giò an diesem Nachmittag in einer Völkermord-Stimmung; ich gab daher keine Antwort, weil ich verstehen kann, daß jeder Mensch seine schwachen Momente hat.

Aber Giò erhob sich und breitete eine andere Illustrierte vor mir aus, indem sie auf eine Photographie hinwies:

»Sehen Sie sich das an und sagen Sie mir, was Sie von dieser jungen französischen Mutter halten, die gleichzeitig ihr Kind und ein Löwenbaby stillt!«

Ich betrachtete das Bild und sagte nichts, aber Margherita meinte, nachdem sie die Abbildung gesehen hatte:

»Ich für meinen Teil sage, daß diese junge französische Mutter zum Glück nur zwei Zapfstellen hat: Hätte sie deren drei, wäre sie imstande, gleichzeitig das Löwenbaby, das Kind und ein Kälbchen zu stillen.«

Giò hielt sich nun nicht mehr zurück und sagte über diese französische Mutter Dinge, die in einem ernsten Buch nicht wiederholt werden können; schließlich mußte ich versuchen, sie zu beruhigen:

»Giò, du mußt bedenken, daß das französische Volk das rassentoleranteste der Welt ist; diese Mutter zeigt in der Praxis, daß es keine Rassenunterschiede geben darf, und daß ein jedes dem Bereich des Lebendigen angehörende Wesen Lebensberechtigung hat.«

»Nein«, wandte das Mädchen ein. »Ich würde sie verstehen, wenn sie neben ihrem weißen Baby auch noch ein schwarzes oder gelbes Kind stillte. Da sie aber einen Löwen nährt, sinkt diese Frau auf das Niveau eines Tieres herab!«

»Giò«, sagte Margherita, »deine Argumente überzeugen mich nicht. Da diese Frau, wie du sagst, durch das Nähren eines Löwenbabys zum Tier herabgesunken ist, müßte demnach die römische Wölfin, die Romulus und Remus gestillt hat, zur Frau emporgestiegen sein?«

Giò hegt keine übermäßige Sympathie für die römische Wölfin und brummte daher nur:

»Um Ihnen darauf antworten zu können, müßte ich eine Wölfin und keine Frau sein.«

Nachdem der zweite Zwischenfall rasch erledigt war, widmete sich Giò wiederum ihrer Lektüre und ließ etwa dreißig Minuten verstreichen. Dann brach sie zum drittenmal aus.

»Man müßte Italien vernichten!« schrie sie. »Schauen Sie: In der Nähe von Cesena soll ein neunjähriges Mädchen Mutter werden. Das ist ein unbeschreiblicher Schmutz!«

»Giò«, entgegnete ich, »du mußt die sportliche Seite der ganzen Angelegenheit berücksichtigen. Wir haben doch erlebt, daß Neapel mit einer Zwölfjährigen den Rekord der frühzeitigen Mutterschaft gehalten hat. Darauf stellte Catania mit einer elfjährigen Mutter einen neuen Rekord auf. Es ist nur verständlich, daß daraufhin zwischen den verschiedenen italienischen Regionen ein gesunder Wettkampf ausbrach. Und nun hat die sonnige, holde Romagna mit einer neunjährigen Mutter den ersten Platz errungen. Erinnere dich, daß die neapolitanischen

Sportfans in den ersten beiden Monaten der Fußballmeisterschaften eine Milliarde ausgegeben haben, um ihrem Team überallhin zu folgen; und das, obgleich Neapel eine arme Stadt ist. So ist es, Giò: Wenn es um den Sport geht, scheuen die Italiener keine Auslagen.«

»Pio«, sagte das Phänomen mit äußerster Entschlossenheit und behielt das letzte Wort.

Ein Weib, dessen Name »Mysterium« ist

Als ich an diesem Abend in meinem Schaukelstuhl ausruhte, betrachtete ich genußvoll das Feuer im Kamin des Speisezimmers. Ein wesentlich klügeres und unterhaltsameres Schauspiel als das Fernsehen. Und auch ein gesünderes, denn die Wärme und Entspannung fördern die Verdauung, während das Flimmern auf dem Kleibi (Kleinbildschirm) schwer zu enträtseln und mit dem gesprochenen Wort übereinzustimmen ist; es ermüdet Auge, Ohr, Gehirn, Leber und Herz so sehr, daß die Verdauung davon häufig behindert wird, was bisweilen tödliche Folgen hat.

Giò räumte gerade den Tisch ab, als sie mich aufforderte:

»Der Name einer erstklassigen Frau.«

»Giorgina!« schlug Margherita augenblicklich vor, die ihr halbes Jahrhundert augenblicklich irgendwo beiseite gestellt hatte.

»Wer soll diese Giorgina sein?« fragte Giò.

»Ein Mädchen, in das er wahnsinnig verliebt war,

das sich aber von ihm nicht hatte heiraten lassen, sondern ihn stehen ließ, um einen ordentlichen jungen Mann zu ehelichen.«

»Einverstanden, sie war zweifellos eine erstklassige Frau«, sagte Giò zustimmend. »Aber sie nützt mir nicht, weil sie keine berühmte, historische Gestalt ist.«

»Dann nimm Kleopatra«, schlug Margherita vor.

»Eine Frau, die sich umbringt, ist nicht erstklassig«, erwiderte das Mädchen.

»Marie Curie«, rief ich aus. »Nobelpreis für Physik.«

»Ich brauche nicht den Namen einer Wissenschaftlerin, sondern den einer Frau«, rief das Mädchen.

»Dann George Sand. Eine große französische Schriftstellerin, die ihren Mann verließ, um mit De Musset, Chopin und vielen anderen Berühmtheiten zu leben.«

»Die paßt mir auch nicht«, behauptete die Familienstütze. »Sie hat einen Männernamen und ist nicht populär.«

»Was den Namen betrifft«, antwortete ich, »hat doch auch die Schauspielerin Dorian Gray einen Männernamen. Übrigens ist es nicht ihre Schuld, daß es zu ihrer Zeit noch kein Fernsehen oder Rotationsverfahren gab. Heute wäre sie berühmter als Liz Taylor.«

»Ich brauche den Namen einer für ihre Intelligenz, Bildung und Schönheit berühmten italienischen Frau«, sagte Giò mit Bestimmtheit.

»Die gibt es nicht«, behauptete Margherita. »Um all das zu finden, was du suchst, müßte man mindestens vier Frauen haben: eine für die Schönheit, eine für die Bildung und zwei für die Intelligenz.«

»Das ist nicht wahr«, sagte ich. »Die Frau, die Giò sucht, hat gelebt und ist allgemein bekannt: Lucrezia Borgia.«

»Die alle vergiftet hat?« grinste das Mädchen.

»Das ist nicht wahr!« protestierte ich. »Das sind lauter Erfindungen der Nachwelt. Ihre Zeitgenossen hielten sie alle für hochanständig, wunderschön, überaus gebildet und intelligent.«

»In der Geschichte zählen die Zeitgenossen nicht, weil sie schon tot sind«, erwiderte Giò. »Es zählt nur die lebendige Nachwelt. Lucrezia Borgia kann ich nicht brauchen. ›Mysterium‹ ist besser.«

»›Mysterium‹ ist doch auch nicht weiblich«, sagte Margherita.

»Ein ›Mysterium‹ kann auch weiblichen Geschlechts sein«, wandte Giò ein. Ich gab ihr recht.

»Natürlich. Wenn man sagen kann ›Der und der ist eine Kanone‹, so kann man doch auch sagen ›Giò ist ein Unstern‹.«

»Inwiefern?« fragte das Mädchen drohend.

»Insofern, als du uns den Kopf wegen des Namens einer berühmten Frau zerbrechen läßt und dich jetzt für ›Mysterium‹ entscheidest. Ein Mädchen, das so denkt, ist ein Unstern.«

»Es ist nicht meine Schuld, daß Sie die Geschichte nicht kennen. Halten Sie jedenfalls fest, daß man einen Menschen nicht nach dem Äußeren beurteilen kann. Ein Mädchen ist doch keine Konservendose mit der Aufschrift ›Geschälte Tomaten‹, in der sich tatsächlich geschälte Tomaten befinden. Es gibt Mädchen, die nach außen hin oberflächlich scheinen und dabei ein tiefes Innenleben haben.«

»Man denke nur!« sagte ich spöttisch lachend. »Viele Leute verwechseln einen eingewachsenen Nagel mit einem vertieften Innenleben.«

»Freilich«, schaltete sich Margherita ein. »Wer innen hohl ist wie ein Fußball, kann doch nicht zugeben, daß eine Frau ein Innenleben hat.«

»Margherita«, rief ich besorgt aus. »Du willst doch nicht sagen, daß auch du eines hast?«

»Ich hatte eines«, erwiderte sie tonlos. »Aber jetzt ist es gestorben.«

»An Altersschwäche?«

»Nein, ermordet! Und der Mörder bist du!«

»Gut gegeben!« sagte Giò laut und beifällig.

Natürlich muß jede Geschichte bestimmte Voraussetzungen haben, um zu einem ernsthaften Schluß zu kommen. Deshalb halte ich es für notwendig, meinen dreiundzwanzig Lesern mitzuteilen, daß für mich in Anbetracht des Konformismus des größten

Teils der Presse der interessanteste Teil der Zeitungen und Wochenschriften in den Leserbriefen besteht.

Die Leser ergießen ihre Herzen mit hemmungsloser Begeisterung. Sie sagen alles, auch die intimsten Dinge. Ich erinnere mich, in der bedeutendsten italienischen Tageszeitung den Brief einer Sechzehnjährigen gelesen zu haben, die darin enthüllte, wie ihre Eltern sie für ihre Lausbübereien zu strafen pflegten. Sie zwangen sie, sich zu entkleiden und bäuchlings auf den Tisch zu legen, worauf die Mutter ihr Hinterteilchen mit dem Bügeleisen bearbeitete.

Warum vertrauen sich aber die Leute heutzutage so gern den Zeitungen an?

In einer vermaßten Welt, in der die Persönlichkeit des Einzelnen unterdrückt und vernichtet wird und der Erfolg nicht mehr die logische Folgerung großer, allgemein bekannter Verdienste ist, sondern mit Publizität gleichgesetzt wird, ist es das allgemeine Bestreben von jung und alt, aus der Masse herauszuragen. Ein Brief, der von einer Tageszeitung oder einer Zeitschrift veröffentlicht wird, hat einen Leserkreis von Millionen Menschen. Und obwohl der Brief mit irgendeinem Pseudonym unterschrieben ist, glaubt doch der Schreiber, wenn er ihn gedruckt sieht, daß Millionen Menschen sich mit seinen Angelegenheiten befassen. Sie sprechen über ihn, ganz gleich, ob im guten oder im bösen. Er ist also der Masse entkommen und ein Jemand geworden.

So also stehen die Dinge. Eines Abends, als ich die Leserbriefe einer verbreiteten Wochenschrift las, kam mir ein merkwürdiger Brief vor Augen: »*Mysterium. Ich bin ein junges, angenehmes Mädchen. Tagsüber verrichte ich ordentlich eine ehrliche, wenngleich banale Arbeit. Nachts aber trage ich einen schwarzen Umhang, verlasse das Haus mit einem Revolver und vergnüge mich mit dem Anzünden von Heuschobern, dem Plündern von Häusern und mit Raub an den Unglücklichen, die mir begegnen. Bevor ich heimkehre, vernichte ich die Beute meiner verbrecherischen Unternehmungen. Seit Jahren geht es so. Träume ich, wenn ich ehrlich arbeite, oder träume ich, wenn ich senge und raube? Bin ich das ehrliche Mädchen bei Tag oder die Verbrecherin bei Nacht? Wer bin ich?*«

Ich las den betrüblichen Brief Margherita laut vor und meinte dann: »Meiner Meinung nach ist das nichts weiter als schlechte Verdauung. Dieses Mädchen müßte am Abend leichtere Dinge essen.«

Giò war anderer Meinung:

»Sie wischen die seelischen Probleme anderer Menschen schnell beiseite. Meiner Ansicht nach ist das ein hochinteressanter Fall!«

»Sicherlich«, rief Margherita. »Hier liegt Persönlichkeitsspaltung vor.«

»Schon gut«, spottete ich, »ein weiblicher Doktor Jekyll.«

»Sprechen Sie doch keinen Unsinn!« schrie Giò

zornig. »Hier geht es doch um Tatsachen und nicht um Empfindungen. Hier erlebt doch eine Frau einen bestimmten, immer wiederkehrenden Traum mit solcher Intensität, daß sie nicht mehr unterscheiden kann, wann sie im Traum und wann sie in der Wirklichkeit handelt. Ein fürchterlicher Zweifel, der sie zu der gequälten Frage veranlaßt: ›Wer bin ich?‹ Ist das etwa nicht ein so furchtbares Drama, daß der Beantworter der Leserbriefe darauf keine mögliche Antwort gefunden hat?«

»Schöner Redakteur!« erzürnte sich Margherita. »Wie kann er ein armes, von solch gräßlichem Zweifel zerfleischtes Mädchen im Stich lassen?«

»Er hat es nicht im Stich gelassen«, erklärte Giò. »In solchen Fällen antworten die Leser in dieser Rubrik, und der Redakteur zieht dann die Schlußfolgerung.«

In der folgenden Nummer der Wochenschrift befand sich eine erste Stellungnahme zu dem Problem des »Mysteriums«: *»Ich bin ein zweiundzwanzigjähriger stämmiger Kerl. Das betrübliche Problem des geheimnisvollen Mädchens hat mich zutiefst berührt, und ich möchte diesem jungen, schönen Mädchen so gern helfen. Ich habe einen überaus leichten Schlaf und bin bereit, mit dem Mysterium zu schlafen, um zu überprüfen, ob dessen verbrecherische nächtliche Tätigkeit Traum oder Wirklichkeit ist. Postlagernd unter Führerschein Nr. ... Trigola (Cremona).«*

Ich las die Antwort laut vor, und Giò bemerkte mit

zusammengebissenen Zähnen: »So ein Idiot!« Dann fügte sie hinzu: »Wissen Sie, was ich anstelle von ›Mysterium‹ machen würde? Ich würde eine Antwort in einem besonderen, gelben oder roten Kuvert schreiben. Dann ginge ich nach Trigola, würde mich beim Postamt aufstellen und warten, bis der Idiot kommt. Dann ließe ich ihn den am Umschlag leicht erkennbaren Brief abholen und würde ihn dann mit Ohrfeigen überschütten!«

»Ich würde das nicht machen«, antwortete ich. »Wenn ich das ›Mysterium‹ wäre, würde ich die Kognakflasche mit drei Gläsern hierher bringen und gemeinsam mit meinen Dienstgebern auf das Wohl der dummen Mädchen trinken, die den Zeitungen Flausen erzählen, um sich wichtig zu machen. Das würde ich machen, wenn ich das ›Mysterium‹ wäre.«

Giò ging den Kognak holen; allerdings mit vier Gläsern: »Da ich nicht weiß, ob ich die vom Tag oder die von der Nacht bin«, erläuterte sie, »ist es besser, beiden einzuschenken.«

Wir tranken alle vier auf unser Wohl.

Giovanni Guareschi

Enthüllungen eines Familienvaters
Ullstein Buch 42

Genosse Don Camillo
Ullstein Buch 2612

Don Camillo und die Rothaarige
Ullstein Buch 2890

...und da sagte Don Camillo...
Ullstein Buch 20482

...aber Don Camillo gibt nicht auf....
Ullstein Buch 20555

...und Don Camillo mittendrin...
Ullstein Buch 20736

Das Schicksal heißt Clothilde
Ullstein Buch 20757

Der verliebte Mähdrescher
Ullstein Buch 20858

Bleib in deinem D-Zug!
Ullstein Buch 20942

Nur Verrückte gehen zu Fuß
Ullstein Buch 40031

ein Ullstein Buch